ELSBETH WALLNÖFER

# TRACHT MACHT POLITIK

Mit Illustrationen
von Marie Vermont

# WERKZEUG, SINNBILD, IKONE

## Eine Handhabe

Mit TRACHT MACHT POLITIK wird einem ikonischen Kleidungsstück Aufmerksamkeit geschenkt, das gerade auch auf dem Politparkett fröhliche Urständ feiert. Von der Modetheorie kaum behandelt, von Österreich, Bayern und Südtirol als tribalistisches Zeugnis gefeiert, von Patrioten in den Kanon deutscher Leitkultur aufgenommen, sind Tracht und Dirndl ein Werkzeug. Als Teil einer politisch motivierten Identitätsdebatte sind sie ein Sinnbild. Daher ist es bei der Betrachtung notwendig, die Demokratiegeschichte mit zu berücksichtigen. Modehistorisch gilt generell: Sich zu behübschen ist ein anthropologisches Grundbedürfnis, das menschlichen Affekten wie Eitelkeit, Schönheitsempfinden, Neid und Mimesis unterliegt.

Wenn im Buch von Tracht und Dirndl die Rede ist, dann meint dies meist die Frauentracht, da Männer bereits gegen Ende des 19. Jahrhunderts kaum mehr Tracht trugen. Eine Ausnahme ist die Lederhose, die hier bedauerlicherweise nur in der gebotenen Kürze verhandelt werden konnte.

Das Buch kreist rund ums *alpine* Stereotyp von Tracht und Dirndl, berührt Österreich, Deutschland, Norditalien/Südtirol und aus Platzgründen nur am Rande die Schweiz. Leider war es nicht möglich, auf die Trachten der Schützen und die Trachten der Kärntner Slowenen, die einer gesonderten Betrachtung bedürften, einzugehen. Ebenso musste auf den (lohnenden) Vergleich mit Frankreichs Künstlern wie William-Adolphe Bouguereau, Jean-Léon Gérôme, Gustave Courbet sowie Vertretern des Realismus anderer Länder verzichtet werden.

Die Kapitel sind so angelegt, dass sie auch unabhängig voneinander gelesen werden können.

Der historische Rückblick endet mit dem Kapitel *Mit alten Mitteln, ewige Wiederkehr oder: Wie bannt man Geister?* Ab dann befinden wir uns in der Gegenwart, erschauen wir Parallelen zur Vergangenheit und enden wir im Clusterfuck, einem Durcheinander, in dem sich der spielerische Lebensstil des 21. Jahrhunderts widerspiegelt.

Am Ende bestätigte sich, was am Anfang vermutet wurde, nämlich, dass das Thema hochemotional, ja, beinahe religiös besetzt ist, Zustimmung und Ablehnung eng beisammen liegen. Umso hilfreicher ist es, edle, kluge Freunde und Förderer um sich zu haben. Daher gilt mein Dank nicht nur dem Team des Verlages, sondern auch Susanne Schedtler und Herbert Zotti, Christine Brugger, der Künstlerin *Sachbearbeiterin Babie K.* alias *Barbara Ungepflegt*, besonders Susanne Winkler für ihre unermüdliche Geduld beim Lesen und nicht zuletzt dem Piet Meyer Verlag, mit dessen Unterstützung das Plakat gedruckt werden konnte. Lob und Freude gelten »meiner« Illustratorin Marie Vermont.

# ZUM AUFTAKT

## Menschen, Moden, Maskeraden

Wenn es gilt, ein Buch über Tracht zu schreiben, hat man sich folgende Fragen zu stellen: Wo sollte man den Beginn der Trachtenforschung ansetzen, wie ist das Thema zeitlich einzugrenzen, innerhalb welcher epochalen Zeitfenster ist es zu verorten? Beginnt man bei den Griechen, den Römern, den Persern, den Kelten, den Tirolern, Schweizern, Deutschen, oder doch lieber bei den Skythen? Was bedeutet es, ein Buch über Tracht zu machen, wenn die Erfahrung einen lehrt, dass bei Begriffen wie Tracht und Dirndl stets an das eine, scheinbar nationaltypische Kleidungsstück gedacht wird? Nun, spätestens an diesem Punkt angekommen, drängt sich die Pflicht auf, gewohnte Grenzen, die das eigene Denken bisher gefangen nahmen, zu überwinden.

Sich zu kleiden ist etwas zutiefst Menschliches. Nicht von ungefähr ist die erste Strafe, die gegenüber den Menschen ausgesprochen wurde, der Fluch, fortan zu wissen, man sei mit Nacktheit geschlagen. Angesichts dieser kulturhistorischen wie moralischen Bedeutung ist es angebracht, das gute Kleidungsstück in eine Reihe allgemein menschlicher Ausdrucksweisen zu stellen und es sowohl als notwendiges, nützliches Mittel zum Zweck als auch als Übung des Individuums zu begreifen, modisch in Erscheinung zu treten, sich seiner eigenen Behübschung, seiner Selbstliebe, seiner Individualität bewusst zu werden.

So erzählt uns das gute Stück vom Stolz und dem Begehren der Individuen, schön zu sein, aber auch vom politischen Bestreben, einem Kollektiv zur Gestalt zu verhelfen, und damit auch andere auszugrenzen. Die Faszination, die von Tracht und Dirndl ausgeht, ist nicht nur auf die vermeintliche Einzigartigkeit und Schönheit des Kleidungsstückes zurückzuführen. Sie hat auch mit der Erzählung einer großdeutschen Identitätspolitik zu tun. Tracht und Dirndl sind ebenso Teil der Modegeschichte, sie klappern in der Werkzeugkiste alter wie neuer Kulturkämpfer. Im Widerschein aktueller Nutzung sind sie Ausdruck eines Verlangens, das einem historisch-nationalistischen Gründungsmythos geschuldet ist. Ein geringer Anteil ist einem freisinnigen Spiel mit seinem Hang zur binnenexotischen Kuriosität zuzurechnen. Grundsätzlich gilt jedoch auch für dieses scheinbar »uralte« Stück, was man in der Antike bereits wusste: *Was soll ich von der Kleidung reden? Ich verlange jetzt nicht teure Besätze und auch nicht Wolle, die mit der tyrischen Purpurschnecke rot gefärbt ist. Da so viele preisgünstige Farben aufgekommen sind – was ist es für ein Wahnsinn, sein Vermögen am Körper zu tragen?*[1]

Ja, wahrlich, was gibt es von der Kleidung zu sagen und was vermag man dem noch hinzuzufügen, wenn das, was der römische Dichter und Ratgeber in Sachen Liebeskunst, Ovid, vor über zweitausend Jahren über Chic und Schönheitspflege antiker Frauen schrieb, derart aktuell in unseren Ohren klingt, als passierte es im Hier und Jetzt. Ovids *ars amatoria/Liebeskunst* ist uns eines der frühesten schriftlichen Zeugnisse, die das Bedürfnis der Menschen, sich hübsch zu kleiden, zu putzen, zu schmücken, überliefern.

Das Verlangen der Menschen, ihrer Eitelkeit Genüge zu tun, sich selbst und den anderen zu gefallen, sich dadurch vom anderen abzuheben, sich seiner bewusst zu werden, ist älter, als uns diese Quellen überliefern.

Auf der Suche nach Hinweisen zu Kleidungs- und Behübschungsgewohnheiten der Menschen sind neben Schriftzeugnissen auch Abbildungen aller Art (Bilder, Mosaike, Zeichnungen, Fotografien) hilfreich. So nützen uns Bibel, Handschriften, kolorierte Drucke, Sittenbücher, Tagebücher, Reiseliteraturen, die Kunstgeschichte und kirchliche Erlässe, um voranzukommen. Diese zu betrachten ist so bequem wie erquicklich.

Vorzugsweise bei Tracht und Dirndl suchte die wissenschaftlich-volkskundliche Forschung, die sich ja erst zu Beginn des 20. Jahrhunderts ausbildete, auf bildliche Quellen zurückzugreifen, um einen Blick in die Welt von gestern und vorgestern zu erlangen. Diese »Überlieferung« will jedoch vornehmlich bei Bildzeugnissen kritisch beäugt werden, spiegeln sie nämlich jeweils nur die vorherrschenden Moden zur jeweiligen Entstehungszeit der Bilder wider und/oder sie entspringen gar nur den Phantasien und Geschmäckern der Maler.

Maria Magdalena, sämtliche heiligen Frauen, die heiligen drei Könige, Maria und Josef sowie andere biblische Figuren wurden jeweils in den vorherrschenden Moden jener Zeiten, in denen die Künstler lebten, »gekleidet«. Stoffe, in welche Bischöfe und Päpste, Könige und Kaiser gehüllt waren, resultierten aus den höfischen Kleidervorschriften, die für die fürnehmen Herrschaften gedacht waren. Daher rührt ihr repräsentativer, ikonografischer Charakter. Farben wie Blau waren der heiligen Maria vorbehalten, das Purpurrot Königen und Kardinälen usw. Auf diese Weise wurden sie Vorbilder und Zeugen einer Mode, auf diese Art überlieferten sie hierarchische Ordnungen und wurden zu Bürgen einer gängigen Kulturpolitik.

Die Geschichte der Mode ist also auch eine Geschichte der Märkte und Geschmäcker, der sozialen Ordnungen und moralischen Gesetze. Kurzum, Modegeschichte ist nichts anderes als eine Geschichte der Menschheit. Diese anthropologische Bedingung zeigt, dass sie Echo ökonomischer, moralischer und politisch herrschaftlicher Gegebenheiten ist, die der Distinktion, der Unterscheidung und Abgrenzung dienlich ist. Anhand der Kostümhistorie vermögen wir Handelsbeziehungen genauso wie moralischen Konventionen zum Zwecke der Aufrechterhaltung gesellschaftlicher Ordnungen auf die Spur zu kommen. Zum Verständnis, wie eng Kleidung, Mode, Märkte, gesellschaftliche Gefüge und Rituale verwoben sind, dienen uns beispielsweise der allgegenwärtige Dirndlboom genauso wie die baggy pants (saggy style), bei welchen die Hosen tief in den Schritt hineinhängen, und deren Ursprung in der US-amerikanischen Gefängniskultur liegt.

Tracht und das aus ihr hervorgegangene Dirndl nützen uns nun seit bald 100 Jahren nicht so sehr als Kronzeugen einer bestimmten Mode, denn bevorzugt als Zeugnis einer Erzählung kollektiver Selbstfindung zum Zwecke nationaler Integrität sowie als Lob der *»Liebe zur Heimat«* und ihrer deutsch-ethnischen Einzigartigkeit. Diese Besonderheit, kulturpolitischer Träger von etwas zu sein, schließt ihre modische Seite nicht aus. Wenngleich ganz gern dagegen in Stellung gebracht, wurde und ist sie dennoch nichts weniger als Mode, eben weil sie Ausdruck und Träger von zeitlichen Trends ist, sie gar nicht anders kann, als aus der Zeit zu kommen. Auch wenn es Zeiten gab, wo bockig, ja, geradezu aufsässig, versucht wurde, Tracht und Dirndl gegen die Mode zu positionieren, obsiegte am Ende die Mode. Die Erzählung, Tracht trotze jedweder Modernisierung, machte sie zum Symbol einer politischen Mode, die ihre Aufgabe in der Bewahrung (ethno-)kultureller Beständigkeit sah und Mode generell als Teufelswerk deutete. Von modischer Perspektive aus betrachtet, galten Tracht und Dirndl als provinziell, der Trachtenträger zivilisatorisch als *zurückgeblieben*. Nur zu gern trachtete so mancher danach, diesen Kleiderstil gegen Neueres einzutauschen.

Bis zur Entdeckung von Tracht und Dirndl als politisch programmatische wie rassistische Waffe durch die Nationalsozialisten dienten Tracht und Dirndl unter künstlerisch affinen Menschen als Spiel mit einem binnenexotischen Chic. Es war weder verwerflich, sich in »bäuerlicher Tracht« – oder was man dafür hielt – im Fotostudio oder auf städtischen Bällen zu präsentieren, noch diente es der Ausgrenzung. Kulturkritische Menschen sahen in ihr immer schon eine gewisse Bräsigkeit, einen altmodischen Chic, der im Sinne gesellschaftlichen Fortschritts überwunden, dessen Träger und Trägerinnen von den schweren Stoffen und umständlichen Gebinden erlöst gehörten. Und wäre es nicht anders gekommen, wären Tracht und Dirndl heute kein Thema mehr.

Wie wurden Tracht und Dirndl also zu diesem einen Stück, zu diesem »Garanten« kultureller Identität, zu einem Dogma, gar zum Streitfall gegenwärtiger gesellschaftspolitischer Debatten? Dieser und einer grundsätzlichen Betrachtung im Sinne der Modehistorie will hier, auch unter Einbeziehung der Kunst, nachgegangen werden.

# LODEN, LEINEN, SEIDEN, SPITZEN

## Des Kaisers Lodenjanker

Als im Jahr 1995/96 in Paris, im Palais Galliera, eine Ausstellung zur Mode des Wiener Hofes gezeigt wurde, fand inmitten von edlen Uniformen, Hofstaatkleidung und kaiserlichen Roben ein gar so viel anders aussehendes Stück Platz. Es war ein grauer Lodenfrack mit fünf grün paspelierten Pattentaschen, er war doppelreihig mit Hirschhornknöpfen versehen, den Kragen umfasste eine gedrehte, angenähte Kordel mit Quasten, die zur Veredelung diente. Dieses, auf den ersten Blick gemeine, Trachtenstück gehörte keinem Geringeren als Kaiser Franz Joseph I. (1830–1916). Im Katalog wurde sein Ursprung mit Ausserfragant-Tyrol angegeben, datiert war er auf die Jahre 1880–1890. Die dazu passende warme Hose ist aus Kamelhaar. Der Kaiser trägt einen solchen oder einen ähnlich aussehenden Frack auf allen Jagdbildern, die wir von ihm kennen. Er muss einige davon gehabt haben, denn der in Paris gezeigte wirkt, als wäre er nie getragen. Heute befinden sich Janker und Hose wohl verwahrt im Depot des Kunsthistorischen Museums in Wien, mitsamt einer rotgelben Krawatte und einem braunen Filzhut. Dort ist angegeben, was die Expertin vermutete, der Loden ist nicht aus Tirol, sondern aus der steierischen Ramsau.

*Der Bazaar. Erste Damen- und Modenzeitung* brachte am 21. Juli 1913 in der Nr. 28 auf ihrem Cover ein Foto des Kaisers in genau so einem edlen Janker-Frack samt Krawatte, Hut mit Gamsbart und Spielhahnfeder. Angezogen hat der Kaiser derlei Frack selbstredend bei Besuchen in Bad Ischl. Einen strapazierfähigeren Janker trug er auf der Jagd, dabei aber in Kombination mit einer knielangen Lederhose aus Gämsenleder und grobem Schuhwerk. Das Ensemble mit der Kamelhaarhose trug er vermutlich ausschließlich im Winter und zu repräsentativen Anlässen in Ischl und Umgebung. Die rot-gelb bedruckte Krawatte aus Baumwolle lugte kaum hervor, die am Kragen umlaufende Kordel, an deren Enden sich Quasten befanden, verfeinerte das Ensemble und machte es hoffähig. Diese Jagdtracht des Kaisers war kein gewöhnliches Gewand. Der kaiserliche Schneider, Franz Bubaček (1871–1929), war für das formvollendete Jagdensemble verantwortlich. So fand es also Eingang in die Sammlung eines fürnehmen Kleiderbestandes, in dem es vor güldenen Knöpfen, roten, blauen, schwarzen und weißen Seiden, Brokaten und Wollstoffen mit allerlei Tressen, Epauletten, Kordeln, Quasten, Pommeln, Litzen und Fransen, also allerlei Posamenten, nur so wimmelte. Dieses edelschlichte Stück, das aus nichts bestand als aus einfachem Loden, ist seiner Ausführung wegen dennoch ein Zeugnis allerhöchster Web- und Schneiderkunst. Nun war Loden das einfachste Material, das den Menschen zur Verfügung stand; im Rohzustand spaziert er vor der Haustür auf den Wiesen und Äckern herum, er kann und konnte selbst erzeugt werden, was Einfluss auf den Preis einer Ware hat. Loden gehört zu den ältesten, ersten, archaisch verarbeiteten Materialien, besteht er doch aus der Wolle von Schafen, die sich der Mensch zum eigenen Nutzen – als Fleisch-, Milch- und Wollversorger – hielt. Zu Zeiten des Absolutismus, als der von Gottes Gnaden erkorene König oder Kaiser sich zur Herstellung gesellschaftlichen Reglements Kleiderordnungen einfallen ließ, gestand man daher der untersten Klasse stets zu, Loden oder, wie man auch sagte, *inländisches Tuch* zu verwenden. Dazu zählte selbstredend auch Leinen. Als Kaiser Leopold I. mit Jänner 1687 eine Polizeiordnung ausgab, tat er dies ausdrücklich, um dem *vor Augen zaigenden Luxus* entgegenzutreten, die Gesellschaft ein wenig in seinem Sinne zurechtzurücken. So wurde festgehalten, wer welche Materialen zu verwenden hatte:

[…] *daß die in der ersten Class alleinig der Flügl=Erml/der reichen Zeug/der silber und guldenen/wie auch seidenen und wessen Spitz und Porten/in dem höhern Werth/auch der mit Sameth gefütterten Wägen/und Niederländische Samethen/Damascenen Spallier, Sessel und Teppich/und in denen Carozen der guldenen Nägl/inn: und außwendig sich zu gebrauchen befugt seyn sollen; Die können auch ihre Libereyen/doch nur von Tuch/so in unsern Ländern gemacht wird/höchst mit zwey seidenen zweyen Finger braiten Porten/doch ohne Silber und Gold verbrämen/oder darfür samete Auffschläg/doch nit beedes zusammen/die*

*Campagn: oder andere Klaider aber nur einmahl/und die Mäntle (mit denen man sonderlich bey Hoff/und in denen RathsSessionen zu erscheinen hat) höchstens mit zweyen Spitzen/doch ohne alle zu überflüssiger übereinander Legung/verbrämbt werden.*

*Die in der anderen Classe sollen sich nur der Zeuge/Spitz und Porten deß mindisten Werths/wie auch der schlechtern Tücher/Teppich/Sesseln/lederen Spalier/und dann nur der Wägen inwendig von Leder/oder Inländischen Tuch gebrauchen/denen auch der kostbare Geschmuck von Steinen/und dergleichen/verbotten ist.*

*Die in der dritten Classe aber haben sich der seidenen Zeuget/Spitzen/Porten/und anderer Mobilien von Seiden/auch der Libereyen zu enthalten/und nur der Wägen von Leder zu bedienen.*[1]

Leopold stand mit dieser Verordnung in einer Tradition königlicher und kaiserlicher Kleiderordnungen, die in nahezu allen Ländern in unregelmäßigen Abständen vor und nach ihm erlassen wurden, sei dies in Konstantinopel des Jahres 1768, in Deutschlands Fürstentümern oder in Österreich unter Maria Theresia 1760. Derartige Regelungen von höchstamtlichem Erlass wurden gerne auch mit der Begründung, die Menschen würde ihre eigene Putzsucht zunehmend in den Ruin treiben, argumentiert, und ergingen hauptsächlich an die Schneider im Land. Bei Verstößen drohte ein Bußgeld, im nächsten Schritt der Verlust des Handwerksbriefs und als letzte Möglichkeit behielt die Herrschaft sich vor, dem Schneider das Bürgerrecht zu entziehen. Solche Beschränkungen leuchten in Ermangelung einer bürgerlichen Gesetzgebung und im Sinne merkantiler Möglichkeiten und Interessen natürlich ein. Nicht nur, weil die Wege lang und bisweilen mehrere Zollgrenzen zu passieren waren, auch weil das, was selten zu bekommen und darüber hinaus noch von handwerklicher Akkuratesse war, Begehren im Menschen weckte. Alles zusammengenommen trieb den Preis der Stoffe in die Höhe. Daher erlaubte sich jener, der es sich von Amts wegen leisten konnte, zu bestimmen, auf wen die Verteilung der Waren Anwendung fand, dies auch zu tun. Kleiderordnungen zementierten auf diese Weise die angestrebte gesellschaftliche Ordnung. Ökonomisch steuerten und kontrollierten sie den Handel, gestalterisch beeinflussten sie auch den Geschmack.

So schritt in der höfischen Kleidung die Mode unaufhaltsam voran, während sie bei den unteren Ständen schaumgebremst, häufig in Anlehnung höfischer Stile, eigene Wege zu gehen versuchte. Allerdings ließen bestehende Restriktionen bei den untersten Klassen kaum kreativen Spielraum aufkommen. Bestenfalls ermöglichte die besondere Verarbeitung und Draperie des Materials, ein wenig Individualität auszuleben.

Bozner, Schnalser oder Ramsauer Loden waren bekannt und beliebt unter den Schneidern, auch den Hofschneidern. Farblich war er meistens grau oder graubraun changierend. Selten und erst mit der Abnahme von Kleiderordnungen, oder der zunehmenden Entfernung vom höfischen Zentrum, zog eine gewisse Buntheit in das Erscheinungsbild ländlicher oder armer Bevölkerung ein. Erst ein politischer Befreiungsschlag vermochte da Abhilfe zu schaffen. Kleider, Völker, rechtlose Arme verdanken republikanischen Ideen und en suite der Industrialisierung auch die Freiheit in der Mode, die Möglichkeit, sich in bunt zu behübschen. Bestehende Regularien, wer sich denn nun schön machen durfte und wer nicht, sind also Teil der Menschheits- wie der Modegeschichte. Mit den ersten antiken schriftlichen Quellen beginnend dokumentiert, dauerten sie annähernd zweitausend Jahre, bis sie sich erstens im Zuge der Demokratisierung der Gesellschaft und zweitens mit der Trennung von Staat und Kirche auflösten. Verbote hin oder her, es gab nahezu alles schon zu allen Zeiten. Der Menschen Verlangen nach Schönheit ist Teil seiner Triebhaftigkeit und verläuft parallel zur Entwicklung derselben. Daher nimmt es nicht wunder, wenn selbst die Antike bereits das Färben von Kleidern und Haaren kannte. Nicht erst römische Frauen zierten sich mit *gekauftem Haar*, wie Ovid schrieb. Die Haushalte und Handwerker vorher und nachher (bis ins 20. Jahrhundert) verstanden sich aufs Spinnen, Weben, Färben sowie auf die Herstellung von Duftstoffen. Gesellschaftspolitische Regularien und die Verfügbarkeit von Ressourcen bestimmten also immer schon, wer sich wie behübschen durfte. Wirkliche Veränderung brachte erst das 18. Jahrhundert. Im Jahrhundert der Aufklärung kam es für unsereinen in kleinen Schritten zur Erlösung von Regularien und der Möglichkeit zur Freiheit im Geschmack. Im Habsburgischen Reich verhalf Joseph II. (1741–1790) mit dem Untertanenpatent von November 1781 jener unteren Klasse, der Leopold I. und Maria Theresia (1717–1780) noch auftrugen, nur inländisches Zeug, also grauen Loden und grobes Leinen zu tragen, mit der Aufhebung der Leibeigenschaft zur Freiheit generell und auch in der Mode.

Erste Bildzeugnisse mit Trachtendarstellungen verdanken wir dieser Zeit. Von da an rückte zunehmend der einfache – nicht-adelige, nicht-bürgerliche, nicht-klerikale – Mensch und das Kollektiv, in dem er lebte, das Volk, in den Fokus gesellschaftlicher Betrachtung.

Diese neue Freiheit zum Denken beinhaltete auch die Freiheit zum Reisen und zum Entdecken. Sie ermöglichte es, die Vielheit der weit verstreuten Individuen in den Ländern des herrschaftlichen Einzugsgebietes weitum zu erschauen. Binnenexotische, archaisch anmutende Phänomene wie Tracht und Brauch, Tanz und Volkslied entflammten das Interesse der urbanen Beamten und Reisenden und führten auf diesem Wege erstmals zu ihrer Benennung. Die aufgeklärten und etatistisch interessierten Monarchen suchten »ihr Volk« in »ihrem Lande« kennenzulernen und baten ihre Staatsdiener, dazu bis an die Grenzen der Reiche zu fahren, um nach deren Lebensstilen Ausschau zu halten. Die Neugier dieser Eliten wuchs sich mit der Zeit zu einer allgemeinen Neugier bei den reisenden Gebildeten wie den Bereisten selbst aus. Trachten- und Typenbilder entstanden nach Eindrücken und Projektionen der »Entdecker« und fanden so nachhaltig Eingang in die Literatur.

Für die Trachtenforschung ist diese Zeit deshalb aufschlussreich, weil sie die Porträtmalerei demokratisierte, sich diese nicht mehr bloß auf die Beschreibung der adeligen Gesellschaft beschränkte. Die neue Porträtmalerei half, die bisher unsichtbaren Individuen im »Volk« sichtbar werden zu lassen. Dieser neuen Porträtmalerei verdanken wir erstmals die Überlieferung von Menschen in Tracht.

Das »Volk«, das bis dahin je nach Region ein mehr oder weniger verlotterter, armer Haufen von Kleinbauern, unfreien Knechten, Mägden und Huren war, geriet mit den Ideen der Aufklärung in den Vordergrund und rückte als anthropologisches Faktum, als Menschen, die sie auch waren, als Summe von Individuen, als Volk, zumindest in den Ländern des aufgeklärten Absolutismus (Österreich, Preußen, Russisches Reich) etwas näher zu Adel, Klerus und Bürgertum hin.

So kam es, dass nicht mehr nur der Kaiser im Trachtenjanker abbildungswürdig wurde.

Des Kaisers Lodenjanker

# ÜBERLIEFERUNGEN: VÖLKER, KLEIDER, ARME LEUTE

## Schöne Frauen, interessante Diebinnen

Eines der berühmtesten aller frühen Porträts, auf dem eine nichtadelige Frau in Tracht abgebildet ist, ist ein Selbstbildnis der großartigen, zu ihren Lebzeiten bereits hochgeschätzten Schweiz-Österreicherin Angelika Kauffmann (1741–1807).

Die wundersame Weltbürgerin und reichlich beschäftigte Künstlerin schuf Selbstporträts von sich in Bregenzer Tracht. Eines dieser Porträts, es ist im Besitz des Innsbrucker Ferdinandeums, zeigt sie in einer Pelzverbrämten Juppe, das Mieder bunt und quer genäht, drunter trägt sie ein leichtes Blüschen, der Hut liegt fein-frech wie leicht schief auf dem Haupt. Es ist nicht das einzige Selbstporträt in Tracht. Kauffmann war weit davon entfernt, sich mit diesem Konterfei zur Trachtenzeugin werden zu lassen. Für die Kostümgeschichte ist es insofern hilfreich, als es eine vielgereiste, moderne Frau und Malerin in einer kaum urban-modischen Kleidung abbildet.

Als Vergleich zu diesem sehr lieblichen Selbstporträt ziehen wir ein weiteres, ungefähr zeitgleich entstandenes Motiv einer Frauengestalt in Tracht heran. Es befindet sich auf einem Jahreszeitenkasten aus dem Zillertal, der zum Bestand des Österreichischen Museums für Volkskunde in Wien gehört und das nur zu gerne in der Vergangenheit als Zeuge herangezogen wurde. Ein Fenster der Türfüllung greift eine mit Strohhut und Sichel gezierte Trachtenfigur zur allegorischen Darstellung des Sommers auf. Datiert ist das Stück auf das Jahr 1753, gar lieblich unbeschwert wirkt das Motiv auf den Betrachter. Doch genau dies liefert Grund, irritiert zu sein, denn die dargestellte Frau korrespondiert so gar nicht mit den ungeschönten Beschreibungen der Zillertalerinnen von späteren Durchreisenden. Zu adrett, zu sauber, zu aufgeräumt zeigt sich der Sommer in Gestalt der jungen Frau. Nun ist eine Analyse dazu generell schwierig, weil das Zillertal zwischen Salzburg und Tirol bis 1816 aufgeteilt war, erst 1816 kam der salzburgische Teil zu Tirol. Es bedürfte also genauester Abgleichungen von Ort, Zeit, herrschaftlichen Ordnungen, Grund der Anschaffung des Möbels. Naheliegend ist, dass der Kasten als dekoratives Accessoire vor allem für die nötige Idylle in der Stube zu sorgen hatte, denn die Zillertalerinnen realitätsnah abzubilden. Diese waren nämlich gar nicht so sittsam, wie die abgebildete Figur uns glauben machen will. Zu beiden Seiten der Herrschaften, so viel wissen wir, gaben die Zillertaler ihren Bischöfen und Gerichtspflegern Anlass zu Beschwerden. Dies deckt sich mit der archaisch-derben Lebensweise der Beschriebenen in den

Reisebeschreibungen. Im Jahr 1768 soll gar eine eigene Kommission dazu eingesetzt worden sein, der Schlampigkeit und Unordentlichkeit auf die Spur zu kommen. Hier bemühte Personifikation des Sommers auf dem Kasten aus dem Zillertal weicht von nahezu allen späteren Abbildungen und schriftlichen Kommentaren derart ab, dass sie Zweifel an der Datierung des Schrankes aufkommen lässt, oder sich die Mode der Zillertalerinnen innerhalb kürzester Zeit von einem adretten Stück in einen miederlosen, wild gebundenen, gegen alle Sitten verstoßenden, groben Teil zurückverwandelt haben müsste. Dieses Beispiel dient der Veranschaulichung der Schwierigkeiten bei der Erörterung des Themas durch Abbildungen trachtiger Figuren. Daher bedarf es eines offenen Zugangs bei der Betrachtung von Tracht, der sich ökonomischer, politischer und modisch-ästhetischer Bezüge bedient und bildkritisch analysiert. Die erste Voraussetzung jedoch ist, sich von Glauben und Lehre eines jahrzehntelang idealisierten romantischen Trachtenbildes zu verabschieden, sich frei zu spielen von den Topoi vergangener Erzählungen, selbst einen kritischen Blick auszubilden, mögliche Defizite in der Kontinuität zu entdecken, alte Texte neu zu lesen, Bilder neu zu erschauen.

Einer der frühen Trachtenforscher, Adalbert Sikora (1880–1963), meinte Bezug nehmend auf die Zillertaler Tracht bereits im Jahr 1906, *die Leute sahen zum Beispiel wahrscheinlich in ihrer Tracht nicht das, was andere darin sahen.*[1] Damit ist uns auf den Weg gegeben, was all die vielen Jahre so gut wie nie beherzigt wurde, aber dennoch das Klügste ist, das jemals zum Thema gesagt wurde. Es ist ratsam, diesen Satz von Sikora bei der weiteren Lektüre im Kopf zu behalten.

Maler, Forscher, Reiseschriftsteller, sie alle haben einen Anteil an der epischen Geschichte zu Tracht und Dirndl. Dass auch Kleinkriminelle helfen können, Licht ins Dunkel zu bringen, mag man kaum glauben. Dabei sind Steckzettel oder Steckbriefe ein durchaus nützliches Mittel, um klüger zu werden. Steckzettel, polizeilich amtliche Beschreibungen also, geben nämlich Auskunft darüber, was so in den Kästen oder Truhen der Leute und den Läden der Krämer an Kleidern und Stoffen gelegen hatte, und dann gestohlen wurde.

Dem Fürstlich-Auersbergschen Archiv zu Losensteinleithen im Österreichischen Staatsarchiv, auf das mich dankenswerterweise die Mitarbeiterinnen im Haus- und Hofarchiv hingewiesen haben, entnehmen wir beispielsweise eine Reihe kleinkrimineller Vorkommnisse. Eine Episode daraus vernimmt sich so: Die Verdächtige Maria Franziska Dichtl aus Böhmen sei stets fesch und adrett angezogen gewesen, sie hätte *schöne weiß Zähne* gehabt, wie im Steckbrief vermerkt ist, aber sie hätte der *Frau Elisabeth Kohlbauer nebest einer schwere[n] silberne[n] Halskette, noch ein Lilafarbenes seidenes Halstuch mit geknüpften Fransen, ein schwarzseidenes Gradltuch, ein schwarzseidenes Fürtuch mit einem Muster aus drei Blättern, ein lichtblau gestreiftes kattunenes Fürtuch gestohlen.*[2] Maria Franziska Dichtl verhilft uns mit ihrer Untat zu einem Blick in den Kleiderschrank der Frau

Kohlbauer. Lila Seide mit Fransen für den Hals, eine mit Blüten bestickte schwarze Seidenschürze und eine hellblaue Baumwollschürze zeugen nun nicht von Armut und einer Beschränkung auf Loden und Leinen. Zehn Jahre nach 1848, nach der bürgerlichen Revolution in Europa also, schienen Samt und Seide auch in ländlichen Haushalten getragen, die absolutistischen Kleiderregeln längst überwunden. Bemühen wir daraus noch einen weiteren Fall, so erlangen wir Einblick, was in der Salzburger Gegend in so manchem Schrank lag.

*Ein schwarzmanchesterner Schalk, voren mit 10 silbernen Batzenknöpfe in zwey Reihen, an jedem Aermel mit I, und an der Rückseite mit 2 solchen, auf jeder Seite mit einer Tasche und inwendig mit weiß barchetenem Futter; ein rothseidenes Leibel mit großen Blumen, schon geflickt, und mit doppeltem Futter, nämlich mit braunem oder schwarzem Kanefaß und mittlerer weißer Bauernleinwand, ein rothseidenes Halstüchel mit gelbgeblümten Dessin gestohlen wurde.*[3]

Zur Erinnerung: Leopold I. hatte ziemlich genau 171 Jahre vorher das Tragen von güldenen, also Messingknöpfen, für niedere Stände verboten. Aber hier wird ein Schalk, eine Weste mit gleich zehn Silberknöpfen, gestohlen. Anhand dieses Diebstahls vermögen wir zu erahnen, wie die Modernisierung und die Demokratisierung sich auch auf dem Lande breit machten. Diese Modernisierung ist es, die nicht ohne Einfluss bleiben wird. Sie ist es, die das Stilempfinden im Menschen, im Individuum weckt und ihm am Ende zum Vorrecht verhilft, ihr verdanken wir die Freiheit zur individuellen Gestaltung. Die Ungleichheit der Gesellschaft ist es, die sich am äußeren Erscheinungsbild der Menschen zeigt – sprich in der Kleidung. Daher leuchtete es ein, dass die Kleiderfrage Teil revolutionärer Debatten war und wir die Französische Revolution als so was wie ein Gründungsdatum der Kleidergeschichte berücksichtigen müssen. Mit ihr rückte die Arme-Leute-Kleidung in den Fokus.

Die gesellschaftspolitische Bedeutung von Kleidung veranlasste den Marquis de Mirabeau (1749–1791), einen der Revolutionäre Frankreichs, dies in der Nationalversammlung zur Sprache zu bringen. So kam es, dass die Französische Revolution 1789 mit großer Signalwirkung den Kleiderordnungen ex cathedra ein Ende setzte. Der Disput um die Mode, der bisher beschränkt auf geschmackliche und hygienische Dispute im adeligen und bürgerlichen Milieu blieb, erweiterte sich um eine politische Dimension, die für niemanden folgenlos blieb, besonders aber für die Kleider- und Modehersteller Veränderungen mit sich brachte. Die symbolische, repräsentative Geltung von Kleidung erlangte über diesen Weg einen neuen Nimbus. Revolutionäre wie Maximilien de Robespierre (1758–1794) trugen Kleidung, die auf ihre Geisteshaltung verweisen sollte, auf einen Sinn, den sie gleichnishaft personifiziert wissen wollten. Sie trugen zum Zeichen der Freiheit Westen in den Farben der Trikolore, die versehen mit revolutionären Symbolen oder gar Sprüchen waren. Die Französische Revolution

1789 – und in ihrer Nachfolge die 1848er-Revolten – läuteten das Zeitalter der Freiheit zur bürgerlichen Mode ein. Diese Revolten schufen erst die Voraussetzung, auch dem vernachlässigten Landvolk in seiner derb-groben Erscheinung Aufmerksamkeit zu schenken, denn wie ein Österreicher namens Adolf Loos (1870–1933) 1898 etwas mehr als ein Jahrhundert später die Habsburgischen Einwohner suggestiv frug: *Gut gekleidet sein, wer möchte das nicht?*

# SONNTAGSSTAAT, REPRÄSENTATION, MODE

## Wie kam Sisi ins Dirndl und in ungarische Magnatentracht?

Wenden wir uns erneut Österreich zu. Wir erinnern uns an die letzte Kleiderordnung durch Leopold I. aus dem letzten Drittel des 17. Jahrhunderts. Diese schrieb genau vor, welchem Stand oder welcher Klasse welche Stoffe, Schmuck und Materialien zu tragen erlaubt waren. Die Einhaltung der Ordnung half nach außen hin, ein System von hierarchischen Ritualen und gesellschaftlichen Konventionen am Leben zu erhalten. Bis zur Einsetzung des Reichsrates 1861 und dem Parlament Cisleithaniens (wozu die zu Österreich-Ungarn gehörenden 17 Kronländer zählten) in Österreich 1867 waren allein herrschaftliche Erlässe und die moralischen Ermahnungen der Kirche jene Order, die das Zusammenleben der Gesellschaft regelten. Die Mode unterlag diesem Regelwerk ebenso wie alles und jeder innerhalb dieser Reichsgrenzen. Hierarchien hatten sich an der Façon des Herrschers auszurichten. Individuelle Wünsche, eigene Vorstellungen auszuleben, war nur jenen, die Teil des Reglements waren, erlaubt. Putz, Glanz und schöne Draperie bewährten sich im arbeitsreichen Alltag ohnehin kaum, ließe sich tröstend einwenden. Die Möglichkeit, modisch gekleidet durch den Tag zu gehen, schloss gleichzeitig aus, in dieser Kleidung zu arbeiten, weshalb die im Alltag arbeitenden Menschen so gut wie nie in trachtigem Sonntagsstaat gearbeitet haben. Da die Tracht allgemein zur Sonntagskleidung der agrarisch arbeitenden Menschen gezählt wird, führen uns, anders als es unzählige Darstellungen weismachen wollen, solche Bilder, Fotografien und Erzählungen in die Irre. Tracht, so lautet die erste Regel, bestand aus dem, was »man so hatte«, und daher bestand sie kaum aus Materialien, die von woanders her importiert wurden. Tracht war nichts, das sich durch einen extravaganten Stil, durch außerordentlichen Geschmack, eine glamouröse Erscheinung und edle Stoffe hervortat – es lief nicht unter à la mode. Grau und Braun, höchstens paspeliertes Grün – dazu war ohnehin nur eine geschickte Hand imstande – waren die Farben der Stoffe jener, die nur auf das zurückgreifen konnten, was sie selbst herstellten. Sofern man überhaupt über Kniestrümpfe verfügte, waren sie hauptsächlich schafwoll-cremeweiß. Die eine oder andere Gegend griff für kleinere Stückteile wie Wolle für Kniestrümpfe auf Färberpflanzen zurück. Weitab vom Hof und dessen Kontrollen, oder bei den freien Tirolern, dort wo man selbst die Kleider produzierte, kam es vor, dass wohlhabenderes Landvolk schön drapiert daherkam. Im Umfeld merkantilistischer Städte wie Innsbruck und

Bozen, wo Hutmacher angesiedelt waren, trugen die Begüterten unter den Einheimischen opulente grüne Filzhüte mit Seidenbändern drapiert oder blau gefärbte Wollstutzen in mit Nägeln beschlagenen Schuhen. Im Reigen des Wetteiferns beim Sich-schön-Machen orientierten sich die Kleidungsstile – sei dies nun französische, italienische, englische Mode – nach allen Himmelsrichtungen und hinterließen Spuren. In der Regel verlief die gesellschaftliche Entwicklung im Kleidungsstil hierarchisch von oben nach unten. Oben wurde die Mode kreiert, zeigte sich der Glanz der Stoffe, die Spitzen, die Seiden und Brokate als Erstes. So galt über viele Jahrhunderte hinweg als chic, modern und erstrebenswert, was »die da oben« trugen. Man orientierte sich an den Schönen und Reichen, damals wie heute. Das Modische, die Neuerungen also, warfen den einen oder anderen Strahl auf die kaum Begüterten ab, weckten Begehren, beeinflussten deren Geschmack und führten beispielsweise dazu, dass man kleine modische Stilelemente in Ansätzen auch bei trachtigen Stücken von niederen Ständen vorfindet. Um dies zu veranschaulichen, ziehen wir ein Stück Tracht heran, das in einer Ausstellung im Osttiroler Museum Schloss Bruck im Sommer 2019 zu sehen war. Dort findet man eine Frauentracht, die über einen, wenn auch dezenten, *cul de Paris* (Pariser Hintern) verfügt. Mancherorts ist derlei als *Weiberspeck* bekannt. Diese Mode imitiert den Chic des Spätbarocks. Im Verlauf der Jahre kamen unterschiedliche Varianten davon immer wieder in Mode. Eine *Verlassenschaftabhandlung* aus dem Jahr 1783, von einem Forscher im Jahr 1916 durchgesehen, lässt den Schluss zu, der cul wäre über ein größeres kulturell verwandtes Gebiet hin gefragt gewesen. Die sehr gut ausgestattete Landfrau aus Kastelruth im heutigen Südtirol verfügte, laut Verlassenschaftsliste, über einen *faltengestochenen Wiefling*. Dabei handelt es sich um einen mehrfach gezogenen (gefälteten) Rock, der *an der Rückseite eine wurstförmige Einlage* bekam, *durch die der hintere Teil mehr oder weniger gehoben wurde, worauf Weiber, die recht »flingg« (fesch) erscheinen wollten, besonderen Wert legten*,[1] wie der Autor überliefert. Lienz und Kastelruth sind Luftlinie um die 96 km entfernt, kulturell und mental waren sie einst – mehr als heute – einheitliches Tiroler Gebiet. Über Berg und Tal hinweg, entlang schwer gängiger Straßen, zog sich dieser Trend, die Hüften zu betonen. Längst nicht so üppig wie das adelig-modische Original am ausgehenden 17. Jahrhundert kreierten sich die Besitzerinnen im 18. Jahrhundert unter Zuhilfenahme von Rosshaar eine den Steiß betonende Erhöhung, und brachten damit ihre Vorstellung von Chic und modischem Gespür zum Ausdruck. Solche stilistischen Anleihen fanden zu allen Zeiten statt und mancherorts mögen sie vielleicht auch zustande gekommen sein, ohne sich des adeligen Einflusses bewusst zu sein. Hier als Beispiel bemühte Mini-Ausgabe des *cul de Paris* lässt vermuten, dass eine vollständige Übernahme aufgrund von Verordnungen, sittlichen und wahrscheinlich auch pekuniären Vorstellungen nicht möglich gewesen war – dies entspräche ohnehin einer sozialen Anmaßung. Anders als heute, wo Originale zwar nicht in der Qualität der Materialien, jedoch in ihrer formalen Erscheinungsweise fast vollständig von den Designerstücken übernommen/kopiert werden. Die Durchlässigkeit beim Austausch der Moden und die Verwendung von Modezitaten war und ist ein urmenschliches Phänomen, das auf individueller Ebene in Verbindung mit einem gewissen Wohlstand immer schon stattfand, selbst zu Zeiten, in denen es noch kaum oder keine Zeitschriften als Vorlagen gab. Dies ist dem Bedürfnis nach Selbstdarstellung geschuldet, dem Wunsch, schöner, besser, toller zu sein als die/der Andere, die Nachbarin etwa, und der Dynamik von Nachahmung. Daher ist es verständlich, dass jene, denen es aus materieller Lage heraus möglich war, sich optisch zu putzen, dies auch taten. Da der Kleidung dieser symbolische Charakter – Reichtum und Schönheit zu demonstrieren – innewohnt, ist eine logische Folge davon, Kleidung mehr als zum Selbstzweck, sich zu kleiden, zu nutzen. Da Kleidung Symbol gesellschaftlicher Trennung ist, kann daher nur versucht werden, die Kluft zu überwinden. Die Habsburger schlüpften während der Zeit des aufgeklärten Absolutismus ganz gern in Landkleidung, um Nähe zu ihrem Volk zu demonstrieren, wo es sonst keine gab. Doch möglicherweise geschah dies nicht immer ganz freiwillig. Verbundenheit herzustellen, wo sonst keine war, war wohl der Grund dafür, dass die ansonsten hinlänglich körper- wie mode- und schönheitsbewusste Frau Franz Josephs I., die Wittelsbacherin Elisabeth (1837–1898), Sisi, Kaiserin von Österreich, sich in einer ungarischen Magnatentracht abgebildet findet. Erhalten geblieben ist uns dieses Sujet, das im Archiv der Österreichischen

Nationalbibliothek liegt, in Form einer Fotografie des k. u. k. Hoffotografen Ludwig Angerer (1827–1879). Interessant ist das Bild, weil es, so lauten jedenfalls die Angaben, eine Fotomontage aus dem Jahre 1860 sein soll. Das Motiv, noch vor dem Österreichisch-Ungarischen-Ausgleich entstanden, diente realpolitischen Zwecken, um die Einheit der Monarchie zu betonen, sich mit den stolzen, selbstsicheren ungarischen Magnaten symbolisch zu verbinden, mögliche und tatsächliche Unterschiede zu kaschieren. Andere Abbildungen Elisabeths in Magnatentracht lassen ebenfalls vermuten, sie entsprächen weniger einer Vorliebe zu Tracht denn mehr reinen Demonstrationszwecken. Nun ist so eine Magnatentracht nicht mit der Tracht gemeiner Leute wie erwähnter Kastelrutherin oder der Osttirolerin zu vergleichen. Die Magnatentracht war eine ungarntypische Mode des dortigen, stark ländlich von der Schafkultur geprägten Adels, sie war deren Art und Geschmack, sich zu kleiden. Stoffe und Tressen, Litzen und Spitzen, Samt von höchster Qualität, gut gegerbtes und genähtes Leder zeichneten sie aus, ihr bäurischer Charakter jedoch blieb ihr stets haften. Des Kaisers Frau in Magnatentracht sollte also eine symbolische Einheit über Sprach- und Kulturgrenzen hinweg demonstrieren. Mehr nicht, aber auch nicht weniger. Die süßliche Liebe zu Tracht hielt sich bei der Wittelsbacherin nämlich in Grenzen, selten findet man sie darin abgebildet. Eine gar sehr romantisierende Lithographie von Gerhart Heinrich (1828-?) um ca. 1854, von der es mindestens zwei Varianten gibt, zeigt Sisi mit ihrem Vater Max, der eine Zither auf den

Knien liegen hat und darauf zu spielen scheint, sowie Franz Joseph als Fährmann des Bootes, in dem die drei über den Starnberger See schipperten. Alle drei sind in bayrisch-trachtigem, sehr adrettem Stil des 19. Jahrhunderts gewandet. Herzog Max von Bayern (1808–1888), Sisis Vater, war ein begeisterter Volksmusikliebhaber, spielte selbst Zither und adelte dadurch das sonst nur unter armen Leuten genutzte Instrument, von dem die Deutsche Musikzeitung des Jahres 1874 schrieb, es sei *eigentlich ein Gebirgsinstrument, ein Marterwerkzeug, mit welchem Holzknechte und Sennerinnen, wenn es nicht anders angeht, jedes für sich die Zeit zu tödten suchen.*[2] Obwohl von zu Hause aus volkstümlich geschult, schien der schönheitsbewussten Sisi nie viel an Tracht oder Dirndl gelegen. Anders als so manche Prinzessin nach ihr, und anders als es an den skandinavischen Höfen noch immer üblich ist, nämlich zur Sommerzeit während der Sommerfrische zu besonderen Anlässen in Tracht zu schlüpfen, schien Sisi nie ein Bedürfnis nach schwärmerischer Landromantik gehabt zu haben. Als Bewunderin von Heinrich Heine (1797–1856), der für romantische Schwärmereien nichts übrig hatte und der über die trachtigen Tiroler meinte, sie *seien zu dumm, um krank zu sein, aber schön, heiter, ehrlich, brav und von unergründlicher Geistesbeschränktheit,*[3] lässt sich dies leicht erklären. Als Anhängerin moderner Lebensstile wusste Sisi vermutlich schon von der Devise eines gewissen Herrn Wilhelm Traugott Krug, der im Jahr 1823 meinte: *Also giebt es wohl ein Ideal der Schönheit* [...] *aber nicht der Hässlichkeit.*[4] Da in Tracht gekleidet zu sein nicht unter à la mode lief, noch unter femininer Moderne firmierte, stellte sie für die aufgeklärte modebewusste Wittelsbacherin keinen erstrebenswerten Zustand dar. Die symbolpolitische Dimension von Tracht war ihr wohl durchaus bewusst.

# TRACHT ALS »VERKÖRPERUNG DER RESIGNATION« UND SELBSTVERKLÄRUNG

Anders als die höfische Mode, die entweder darauf bedacht war, der Schönheit der Frauen zu vollkommenem Ausdruck zu verhelfen oder herrschaftliche Attitüden zu zelebrieren, unterlag der Kleiderstil der ländlichen Frauen zuvorderst dem moralischen Diktat von Anstand und Sitte durch die Kirche. Sexy zu sein, seine Taille zu betonen, das Dekolleté als Blickfang zu nutzen, zog den bitteren Ruf, ein liederliches Weibsbild zu sein, nach sich. Daher finden wir in der Frühzeit der Erzählung von Tracht, speziell der Frauentracht, eine Reihe von mitunter bunten, aber auch recht groben Silhouetten vor. Überladen mit Stoff, oftmals unbehändig genäht und in Ermangelung des Büstenhalters, suchte man den Busen irgendwie im Zaum zu halten, sich keine Blöße zu leisten. Dazu griff man auf Tücher zurück und zur Verfeinerung der groben Stoffe wie Wolle und Leinen drapierte man im Idealfall mit bunten Bändern.

Schwere Stoffe,
dicke Schafwolle
verhüllten die Körper
der Frauen.

Die von der Natur vergebene weibliche Opulenz reifer Frauen, derart eingehüllt und betont, konnte für einen Außenstehenden, noch dazu wenn er aus der Stadt kam, recht befremdlich wirken. Einblicke in diesen Gestaltungsreichtum ländlicher Tracht verdanken wir neugierigen Fremden. Trugen diese noch dazu das Herz auf der Zunge, konnte ein ursprünglich grundsätzlich freundlich gesinntes Aufeinandertreffen mit den Einheimischen am Ende zu einer ungeschönten Schilderung führen, die so gar nicht das lauschige Ideal vom hübschen, dekorativen, friedvollen Naturmenschen rezitierte. Zu jenen Autoren, die von volkskundlichen Trachtenliebhabern, vermutlich genau deswegen, gerne umschifft wurden, zählt der Reisende August Lewald (1792–1871). Lewald, ein Freund Heinrich Heines, hinterließ uns ein ziemlich ungefiltertes Bild der Zillertalerinnen, denen er begegnete. Auf seiner Reise quer durch Tirol machte er einen Abstecher ins Zillertal und war ordentlich erstaunt von den Leuten dort. Er hielt für uns in seinem Reisebuch *Tyrol, vom Glockner zum Orteles, und vom Garda- zum Bodensee 1833–34*, im Jahr 1835 veröffentlicht, fest:

*Die Weiber im Zillerthale sind zu kolossal, um schön genannt zu werden, die Brüste hängen wie bei den Weibern von Mangermannskraal in Afrika tief herab, und werden durch ein eignes Brusttuch, gleich wie in einer Schlinge, gehalten. Die Jacken werden dabei tief ausgeschnitten getragen, und diese Mode ist wahrhaft widerlich. Der lange, faltige Rock reicht bis unter die Brust hinauf, und eine dicke Wulst sucht zwischen dieser und den Hüften ein richtigeres Verhältnisz herzustellen. Jacke und Rock sind von einem dunkelblauen Zeuge, und das Brusttuch ist schwarz. Auf dem Kopfe trägt die Zillerthalerin einen Männerhut, mit niedrigem, rundem Kopfe, und einem schmalen, etwas herabhängenden Rande, der bei weitem nicht so zierlich ist, wie der Spitzhut, den man in der Gegend von Botzen trägt. Die Tracht der Männer ist kleidsamer; sie ist durch die vielen Zillerthaler, die singend und handelnd überall hinreisen, in ganz Deutschland bekannt genug. Auch hier sind die vorherrschenden Farben dunkelgrau und schwarz, und diesz gab dem recht fröhlichen Getümmel bei der Kirchweihe einen schmutzigen Anstrich, als wäre alles bei starkem Regen lange im Freien gewesen; diesz macht besonders auf den, der die bunten Trachten der südlichen Thäler zu sehen gewohnt ist, einen unangenehmen Eindruck.*[1]

Diese bald zweihundert Jahre zurückliegende, grundehrliche Veranschaulichung führt uns auf eine Spur, die der Betrachter der heutigen Zeit, insbesondere wenn er ein »aufrechter«, ein vereinsgebundener Trachtler ist, möglicherweise als beleidigend empfinden mag, dennoch ist er aufschlussreich im Hinblick auf eine Genese der Tracht. Lewald bescheinigt, was auf den frühesten Abbildungen ersichtlich und so gar nicht lieblich ist. Er decouvriert alle romantischen Schilderungen, spricht frei von dieser kaum vorteilhaften Kleidung und vermittelt einen Eindruck vom grau-braunen Loden, der reichlich Tristesse aufkommen lässt. Lewald lehrt uns auch, dass die romantisierenden Beschreibungen, jene Schilderungen, die von einem bunt ausstaffierten, lustig gelaunten Völklein erzählen, selektiv tradiert wurden. Anders formuliert heißt dies, dass über jene, die nichts zu bieten hatten, ohnehin nicht geschrieben wurde.

Nutzen wir Lewalds Beschreibung, um uns ein wenig über die Kleidung zu informieren. Mit *Brusttuch* könnte jenes Tuch gemeint sein, das tatsächlich noch mancherorts als Relikt bis in die Gegenwart in Gebrauch ist, das uns auf frühen Abbildungen von Künstlern begegnet und das die Tiroler Tracht vermutlich aus der bayrischen Zeit und deren vorherrschender Mode übernommen hat. Schwarze Tücher lagen auch im Schrank der Kastelrutherin Maria Fulterin, wie bereits erwähntes Verlassenschaftsinventar von Zingerle verzeichnet. Mit solchen Brusttüchern könnten die über die Schulter gelegten und den Busen verdeckenden Tücher gemeint sein, aber auch jene Tücher, die den Oberkörper generell zusammenhalten sollten. Wir finden sie bei nahezu allen weiblichen Trachten und sie stellen die ideale Verbindung zwischen ästhetischer Gestaltung und sittlichem Verhaltenskodex dar. Lewald beschreibt uns einen Rock, der bis unter den Busen der Frauen reicht, erst später wird dieser Stil durch die Einführung eines Mieders mit Verschnürung abgelöst werden. Die, je nach Region, bis ins 20. Jahrhundert hinein reichende Verschnürung durch *Haftln* (Hafthäckchen) folgte auf hier erwähnte Tuchbindungen und steht zweifellos für eine nähtechnische Verfeinerung des Kleidungsstückes. Die Tuchbindung erinnert uns an die Zweckmäßigkeit des Unterfangens,

Erst mit der Erfindung des Dirndls kommt es
zur Betonung der weiblichen Figur. In die Tracht wurde
die Taille viel später eingeführt.

zusammenzuhalten, was einem sonst im Wege war. Der bei der Verschnürung notwendige Platz, der durch den halben Taillenumfang rechts und links entsteht, bedurfte irgendwie der Füllung. Dazu ersann man einen losen Einsatz (wie in der höfischen Mode), dieser half den Frauen, den sich mit den Jahren und Schwangerschaften verändernden Busen ein- und anzupassen. So erfolgte dies zunächst unter Zuhilfenahme von Tüchern und später wurde es durch den Brustfleck oder Bruststecker ersetzt. Je weiter wir von den urbanen Zentren entfernt sind, umso eher sind es Brusttücher, die den Busen der Frauen bedeckten. Mit der Zeit löste der Busen/Brustfleck diese Schling-Tücher ab. Im Tiroler Volkskunstmuseum finden wir einen ganzen Saal verschiedenster Brustfleckbindungen vor. Wenige Figurinen zeigen einen steifen Stecker, der sicher Anleihe beim französisch-höfischen *pièce d'estomac*, zu deutsch Magenstück, nahm. Der steife Stecker hat seinen Ursprung im ausgehenden 17. Jahrhundert. Es handelt sich dabei um einen dreieckigen, spitz zulaufenden Karton, der mit Brokaten überzogen wurde. Die Modegeschichte kennt ihn generell unter *Fürstecker*. Recht bald wurde er selbstverständlicher Teil der höfischen Mode, in die Trachtenkleidung schaffte er es nur vereinzelt und sehr spät als fix genähter Teil des Mieders. Lewalds Eindrücke sind uns willkommen, da wir ungeschönte Einblicke in die zeitgemäße Kleidung bekommen. Weil der Text dieses Autors zu den wenigen ehrlichen ethnologischen Berichten gehört, eben weil seine Schilderung frei von süßlicher Verklärung ist, sollten wir seine Beobachtungen dankbar annehmen. Als Lewald Tirol besichtigte, fiel ihm weiters auf, dass die Frauen im dem Zillertal benachbarten Tuxertal ähnlich wie die Zillertalerinnen gekleidet waren, doch wäre deren Tracht *enger und kürzer, und läßt das Nackte der Brust, der Kniee und Waden mehr sehen.* Lewald, der sich auch ein wenig in eine Tuxerin verschaut hatte, fand sie, vermutlich unter dem Einfluss des Eros, *auch malerischer*.[2] Das Gros der Reisenden nach ihm allerdings sollte einem schönfärberischen Duktus unterliegen, der bis in die Gegenwart hinein anhält und den Verdacht von Projektion aufkommen lässt. Die kritischen Beobachter waren zu allen Zeiten rar. Daher will an dieser Stelle besonders den tadelnden Blicken Aufmerksamkeit geschenkt werden. Zu den wenigen prüfenden Beobachtern zählte ungefähr 100 Jahre nach Lewald ein Vertreter moderner österreichischer Kulturkritik. Dem Architekten und Kulturkritiker Adolf Loos verdanken wir so manchen Einblick in die Moden der damaligen Gesellschaft.

Mit der Entdeckung des Landes durch das Bildungsbürgertum und der Erfindung der Freizeit für einfache Leute – im Habsburgischen auch als Sommerfrische bekannt – kam es wiederholt zu Landaufenthalten von Literaten, Geschäftsleuten und Künstlern. In Ermangelung von Rundum-Wohlfühl-Paketen im heutigen Sinne erfolgte zwangsläufig eine »Kontaktaufnahme« mit der Landbevölkerung in den Wirtshäusern, bei Spaziergängen und Besuchen von Kirchweihfesten oder anderen Festlichkeiten. Die kameralistischen Erhebungen – vom kaiserlich-königlichen Hofe in Auftrag gegeben – und die

Arbeiten der dabei beschäftigten Kammermaler taten ihr Übriges, um Land und Leute für immer zu dokumentieren und dem Hofe »sein« Volk zu veranschaulichen wie zu verlieblichen. Diese Landnahme durch Adel und Bürgertum erzeugte Schwärmereien für die weder modisch noch vorteilhaft gekleideten, mehr archaisch-exotisch anmutenden Frauen und Männer. Wie wir inzwischen wissen, nahm man nur vereinzelt daran Anstoß. Nur aufklärerische, intellektuelle Beobachter, beispielsweise Lewald oder Loos, griffen das Thema auf, im Falle von Loos bewusst auch in einem sozialkritischen Sinne. Ihm war wohl kaum an der Übermittlung kleiderhistorischer Details gelegen als vielmehr an einer Gesellschaftskritik. Sein Interesse galt der Modernisierung der Gesellschaft. So betrachtete er das Landvolk und dessen Kleidung im Vergleich zur modernen Erscheinungsweise der Stadt. In einem für eine Tageszeitung verfassten Text über die Wäsche kritisierte er öffentlich den Umgang des Bürgertums mit der Landromantik. Er monierte die Ansprüche der Touristen, die sich auf dem Land trachtige Gestalten zur Aufhellung des eigenen Aufenthaltes wünschten. Die Städter würden die Landbevölkerung zur *Staffage* benutzen und damit einer Antimoderne das Wort geben: *Ja, stellen Sie sich doch einmal hin und machen Sie (gesperrt) einmal den Wurstl für den Herrn Commerziehnrath, der unverfälschte Alpen genießen will,* so der Vorwurf. Um Ausgleich bemüht schreibt er weiter: *Auch ich gebe zu, daß mir die alten Trachten sehr gut gefallen. Das gibt mir aber noch kein Recht, von meinem Nebenmenschen zu verlangen, sie meinetwegen anzulegen. Die Tracht, die in einer bestimmten Form erstarrte Kleidung, die sich nicht mehr weiter entwickelt, ist immer das Zeichen, daß ihr Träger es aufgegeben hat, seinen Zustand zu verändern. Die Tracht ist die Verkörperung der Resignation.*[3] Tracht als antimodernistisches, altmodisches Zeichen zu lesen war neu, aber durchaus nicht verkehrt.

Die Kleidung, besonders die Frauenkleidung, nahm zum damaligen Zeitpunkt einen neuen Schwung in Richtung Reformkleidung. *Die zunehmende Agitation gegen das Tragen von Corsets*, so war im *Weltneuigkeitsblatt* vom Februar 1898 zu lesen, sorgte bisweilen für Aufruhr in der Textilbranche. Den Frauen selbst aber sollte diese feine Mode mitsamt Freiheiten ein neues Körpergefühl bringen. Ähnlich verhielt es sich mit der schweren Tracht. Zwar hatte die von den Städten ausgehende Modeerscheinung der Reformkleidung auf die Veränderung der Tracht vorläufig nur bedingt Einfluss, deren Neuerungen sollten auf andere Weise eingeführt werden. Paradoxerweise führte das viele Reden über die Tracht zum schrulligen Effekt, sich in dem alten Zeug selbst zu gefallen. Die ländlichen Trachtenträger blieben freiwillig die Dekoration für den einsetzenden Tourismus, sie fanden sich in ihrer alten, unmodischen Tracht gut aufgehoben, sie gefielen sich als Statisten von Landschaft und Landleben – sie folgten einem Lob der Tracht, ausgerufen von sentimentalen Schwärmern. Es kam nämlich anders, als Loos hoffnungsfroh ankündigte, als er meinte, *[n]un aber kommt eine neue Generation. Die hat der Tracht den Krieg erklärt. Dabei hat sie eine gute Verbündete: die Dreschmaschine. Wo die einmal ihren Einzug hält, ist es für immer mit dem malerischen Plunder vorbei. Der geht nun dahin, wo er hingehört: in die Maskenleihanstalt.*[4] Was beim Modernisierer Loos einen kurzen Moment Hoffnung aufkommen ließ, dass nämlich die Modernisierung alle wünschenswerten Segnungen, also Fortschritt, brächte, verzögerten die Vereinsgschaftlhuber, Forscher und Touristiker. Denn durch sie hatte sich bereits zum Zeitpunkt der Loosschen Einlassungen eine Maschinerie in Gang gesetzt, die Teile der Ortsansässigen selbst betrieben. Sie gefielen sich in ihrer Rolle als exotische Figuren. Lokalpatrioten verabsäumten auch nicht, dies immer und immer wieder zu lancieren und den Sinn kultureller Pflege dabei mitzuerzählen. Nicht zufällig korrespondieren die Gründungen der Trachtenvereine mit dem Erscheinen erster Reiseberichte, und nicht zufällig ist die vereinsmäßige Anbindung der Trachtler in Beziehung zum Kulturkampf der Deutschen gegen die Franzosen nach der Völkerschlacht bei Leipzig 1813 und verstärkt nach dem Deutsch-Französischen Krieg 1870/71 zu sehen. Deutschlands »nachweislich« ältester Trachtenverein wurde 1875 im sächsischen Chemnitz als Antwort auf und zur Manifestation zunehmender deutscher Selbstbehauptung gegründet. Nach und nach kam es im Rest Deutschlands zu Vereinsgründungen. Im Deutschland Friedrichs I. von Baden (1826–1907) freute sich dieser angeblich sehr über die Initiative des im Jahr 1894 im Schwarzwald gegründeten Gutach-Kinzingthaler Trachtenvereins, armen Kindern aus Anlass der Konfirmation und Kommunion bei der Anschaffung der Tracht zu helfen. Die Praxis, altes bäuerliches Gewand zur deutschen

Selbstsymbolisierung heranzuziehen, wuchs sich regelrecht zu einer Mode aus, deren Geschichte gesondert einen Band füllen würde.

In Österreich gilt der *Salzburger Gebirgstrachtenverein Alpinia* mit Gründungsjahr 1891 als erster Trachtenverein. Im viel bereisten Tirol wird im Jahre 1893 von den Pionieren des Tourismus das *Comité zur Erhaltung der Volkstrachten in Tirol* gegründet, in Rottach-Egern, Tegernsee, die Wallberger: Rundherum entstehen Vereine, recht bald gab man die Order aus: *Ordentliche Mitglieder, welche zu den Monatszusammenkünften, gleichviel ob absichtlich oder aus Vergesslichkeit oder aus einem andern Grunde, nicht in der Tracht kommen, haben 50 Pfennige in die Vereinscasse zu bezahlen.*[5] Das Rad der Selbstvergewisserung begann sich also damals zu drehen, immer mehr Vereine, vorwiegend unter dem Namen *Gebirgstrachtenerhaltung* entstanden, das Diktat, wie was auszusehen hatte, wie es getragen werden sollte, nahm seinen unaufhörlichen Lauf. Am Ende dieser langläufigen Entwicklung galten Vereine als Experten für korrektes Tragen von Trachten, sie taxinomierten Mensch und Gwand, sie historisierten gegen jede Modernisierung, sie suchten zu konservieren, wovon der moderne Mensch befreit werden wollte. Diesem Phänomen ist noch heute schwer beizukommen.

Tracht generell als Kostüm zu lesen, sie im Widerstreit mit der Mode zu sehen, war im 19. Jahrhundert unter Modeinteressierten üblich, wie uns der Berliner Kostümhistoriker Hermann Weiss 1860 unaufgeregt überlieferte: *Das Wort Kostüm wird in verschiedenem Sinne gebraucht. Bald begreift man darunter, seiner eigensten und zugleich weitesten Bedeutung nach, das Zeitübliche überhaupt, bald nur ein bestimmtes Moment desselben und zwar in diesem engeren Verstande gewöhnlich nur das der äusseren Sitte in Tracht, Kleidung und Kleidermode,*[6] bei Vereinsmeiern jedoch war sie Vehikel zur Selbstverklärung.

# IDEALISIERTE IDYLLE, PERFEKTE IDENTITÄT?

## Der Künstler als Zeuge?

Was dem Reisenden aus dem Ausland oder dem Kameralisten des Wiener Hofes, der über Land fuhr und Informationen für den Kaiser sammelte, liebreizende Staffage zur Landschaft sein sollte, lieferte kurioserweise den Beschriebenen selbst die Grundlage zur Ausbildung einer zunächst regional begrenzten, kollektiv gedachten Identität. Da es mit ausklingendem 18. Jahrhundert keine Kleiderordnungen mehr gab, selbst Samt und Seiden zu erwerben möglich war, veränderte sich, so man bereit dazu war, auch die Kleidung. Doch anstatt froh zu sein, alte Ordnungen von Ungleichheit und unzeitgemäße Moden ablegen zu können, begab man sich freiwillig aus romantischen, touristischen wie kulturpolitischen Gründen auf einen Holzweg, aus dem herauszukommen schwierig war/ist. Am Scheideweg von alt und neu, auf dem Weg zwischen Modernisierung und Konservierung, spielte die Kunst des 19. Jahrhunderts eine willkommene und maßgebliche Rolle als Dokumentaristin. Die Motive von Künstlern wie dem aus bäuerlichem Milieu kommenden Osttiroler Franz Defregger (1835–1921) oder dem aus Köln stammenden und in München und Umgebung malenden Wilhelm Leibl (1844–1900) – beide waren zu Studienzwecken in der Weltstadt Paris – hielten für uns Menschen in bäuerlicher Kleidung fest, die einmal mehr (Leibl), einmal weniger (Defregger) der Kostümhistorie von Nutzen sind und späteren politischen Kräften zum Werkzeug gereichten. Leibls Hang zum Volksleben, er holte sich mit Unterstützung des dörflichen Pfarrers die leibhaftigen Modelle in die unbeheizte Kirche, dient uns, abseits von einer maltechnischen Kunstkritik, zur Veranschaulichung eines gewissen Kleiderstils der Zeit. Je deutlicher die Absichten des Malers, die Modelle realistisch abzubilden, geäußert wurden, umso eher ist es uns möglich, Schlussfolgerungen über den tatsächlichen Kleidungsstil zu ziehen. Je mehr die Individuen im Fokus standen und nicht die Szenerie als Ensemble, umso mehr wird die soziale Wirklichkeit miterzählt. Stoffmuster, Stofffarben, Hüte, Kopftücher, Hemden, Hosen, Stutzen, Zier und Aufputz ermöglichen uns, je alltagsgetreuer sie abgebildet sind, den Wandel, den auch die Tracht nach Neunzehnhundert genommen hat, nachzuvollziehen. Leibl hervorzuheben macht Sinn, da seine realistische Darstellung von Kleidung, seine Nähe zum Material, zum Zeug, sehr authentisch wirkt – ganz so, wie er es ausdrücklich beabsichtigte. Im Motiv der *Drei Frauen in der Kirche* (1878/82), das kurz nach seiner Entstehungszeit in Wien, Paris und London zu sehen war und gemischte Reaktionen hervorrief, eignet sich vortrefflich, um soziale Wirklichkeiten von Kleidung zum Vorschein zu bringen. Wir erkennen in den drei Frauen nicht nur drei verschiedene lebenstypische Kleiderformen, die junge, wohlhabende Bäuerin in ihrem blau-schwarz karierten Wollgewand mit weißer Seidenschürze, einem floral bestickten Schultertuch und adretten Hut, die Alte im längsgestreiften wollenen Alltagsgewand ohne Schürze, aber mit schwarzem Kopftuch, die Mitfünfzigerin in schwarzem schlichtem Gewand und ebenso schwarzem Kopftuch (vermutlich war sie gerade eben verwitwet), wir spüren mehr als bei den szenischen Malereien von Defregger oder jenen klinischen der Hofmaler ein tatsächlich realistisches Moment bei der Betrachtung des Motives.

## Farbenlehre

Schon während der Zeit der römischen Antike wusste Ovid zu empfehlen: *Suche du bestimmte Farben aus, denn nicht jede wird zu allen passen.* Die Frage nach der bunten Tracht und der Farbsymbolik dabei beschäftigt Trachteninteressierte mehr als Dirndlfans. Zu Zeiten, als es noch keine Eheringe gab, die Freiheit zur Mode ohnehin von ökonomischen Bedingungen, religiösen Moralvorstellungen und höfischen Ordnungen beschnitten war, zeitigten selten bunte Kleidung. Zur Unterscheidung des Zivilstandes gönnte man den unverheirateten Jugendlichen oder Kindern das eine oder andere bunte Stoffstück, sofern man über eines verfügte. Kaum verheiratet, erledigte sich dies quasi von selbst, denn beginnend mit dem ersten Todesfall in der engeren Familie kamen die Frauen kaum mehr aus dem *Schwarz-Tragen* heraus. Das Grün der Jäger wiederum hatte camouflierenden Charakter im Wald, man sollte gut getarnt sein. In ökonomisch bessergestellten Gegenden schritt die Einführung farbiger und glitzernder Elemente von Bekleidung schneller voran als in ärmeren Gebieten. Ganz nach dem Prinzip des *Was-man-so-hat* zeigte sich also auch das Erscheinungsbild der Menschen. ◂

Für einen ganz kurzen Augenblick korrespondieren die Motive mit der sinnlichen Erfahrung des Betrachters. Besonders bei Leibl ist die sonst bevorzugt idealisierte Atmosphäre, nur hübsch-liebliche Szenerien, nur buntes Treiben zu dokumentieren, in den Hintergrund gedrängt. Leibl konzentriert sich auf die drei Frauen, drei Individuen. Die Wärme der die Frauen umhüllenden wollenen Kleidung ist ebenso spürbar wie die Kontemplation, die unterschiedliche Kleidung zu den verschiedenen Altern liefert zusätzlich soziale Informationen.

Defregger hingegen konzentriert sich auf eine kollektive Szenerie, dies derart konsequent, dass er mit seinen Arbeiten wesentlich zur Ausbildung des Stereotyps vom Tiroler beitrug. Defreggers Hang, tirolerische Szenen zu bannen, appelliert an ein regionales, (pseudo-)ethnisches Kollektiv. Er bedient damit jene Identitäts-Macher, die Argumente suchen, um diesem eine diffuse Vorstellung von Gemeinsamkeit zu erzählen. Leibls Interesse lag bei den Menschen und diente nicht der Erzählung einer gesamtbayrischen Identität, vielmehr sah er sich der Darstellung von der Wahrheit im Menschen verpflichtet. Viele Jahre später sollten beide Künstler von den antiurbanen pro-paganen Nationalsozialisten hochgelobt werden, allein ihrer ländlich-bäurischen Motive wegen. Die Überlieferung bestimmter Bilder, die sich über die Jahre als Fixum in uns eingenistet haben, ist der Sommerfrischefreudigkeit geschuldet. Künstler bereisten zur damaligen Zeit sommers gerne das Land. Der Autor August Lewald schildert uns das Treiben der Kunstsinnigen um 1834 recht plastisch, wenn er notiert:

*Wir trafen hier viele Maler aus Norddeutschland und selbst einen Dänen, die sich zur Belustigung in die Tracht des Thales kleideten, und in Sprache und Sitten sich gänzlich mit den Einwohnern amalgamirt hatten.*[1] Von diesen Künstlern bekamen wir jene Trachtenbilder überliefert, die einmal mehr, einmal weniger der Realität entsprechen, die uns jedoch im Kopf immer begleiten. Die lange Geschichte der politischen Trachten- und Landmalerei, um sie mal so zu nennen, begann systematisch und im großen Stil mit Österreichs Hof- und Kammermalern im 19. Jahrhundert. Sie waren mit einem klaren Auftrag von Seiten der Vertreter des Hofes versehen. Aufgeklärte Habsburger wie Joseph II (1741–1790), Erzherzog Johann (1782–1859) und nach ihm Erzherzog Rudolf (1858–1880) suchten ihr Volk, ließen sich von den Malern und Forschern Leute und Landschaften in Farbe ins Haus liefern oder unternahmen selbst Reisen aufs Land. Doch zu oft wirkten die Szenen arrangiert, waren die trachtigen Menschen dabei von einer süßen Lieblichkeit, oder die Szenerie frei von allem, was sonst soziale Realität war. Leibl machte sich erklärtermaßen auf, zu suchen, was wahrhaftig ist, in ähnlicher Weise taten dies auch andere Maler wie der Welschtiroler Giovanni Segantini (1858–1899), dem wir auch die eine oder andere überlieferte Figur in ländlicher Kleidung verdanken, zum Beispiel im Motiv *sul balcone* von 1892. Die Frau auf dem Balkon von Segantini trägt schlichte Arbeitskleidung, niemand käme auf die Idee, sie als Trachtenfrau zu überliefern, und doch ist sie kostümhistorisch interessant – wir erfahren dabei, was man, das Volk sozusagen, so getragen hat.

Da der idealisierte Blick bei den höfischen Dienstmalern sehr ausgeprägt war, sind diese Bilder mit Vorsicht zu genießen und nur bedingt zur Erläuterung von Tracht heranzuziehen. Selten finden wir die damals weitum herrschende Armut dabei miterzählt. So gut wie nie sind uns Motive von Menschen mit einer zusammengestückelten, immer wieder geflickten Tracht oder typischer Landkleidung überliefert.

Es liegt nicht bloß im Auge des Betrachters, des Fremden, was wir zu sehen bekommen, da der Betrachter des Motives bereits der Intention der Beschau des Motives unterliegt. Für unseren Zweck formuliert: Der Blick auf überlieferte Motive von Trachtenmenschen kann erstens um des ästhetischen Motives willen geschehen, zweitens erfolgen, um einem beruflichen Auftrag gerecht zu werden, drittens, um gesellschaftliche Moden eines Alltages zu suchen, viertens, um soziale Wirklichkeiten zu erforschen, oder fünftens, um eine politische Botschaft transportiert zu finden. Die Gefahr, die in solch perfekten Idyllen steckt, können wir mit einem bereits zitierten Trachtenforscher auf den Punkt bringen, *die Leute sahen zum Beispiel wahrscheinlich in ihrer Tracht nicht das, was andere darin sahen.*

Der Großteil der Künstler von Trachtenmotiven oder Trachtenszenerien wurde und wird von den konservativen Trachtenerhaltern vorbehaltlos zu Kronzeugen der Kostümgeschichte »eines Volkes« herangezogen. Dabei sind deren Bilder vor allem Beweis dafür, wie sich zeittypische Moden auf die Welt zu schauen im künstlerischen Blick niederschlagen. Dies sollten wir bei der Betrachtung malerischer Zeugnisse beherzigen. Einem Theaterkritiker in Graz des Jahres 1876 fiel auf, dass der Salontiroler eine wichtige Rolle im Getriebe der Selbstkulturalisierung alpiner und voralpiner Gegenden spielte, dass diese Art von Tiroler bereits eine fixe Rolle samt stereotyp umrissenem Aussehen einnahm, als er schrieb: *Herr Mügge war als Joseph ganz Salontiroler, ganz Bonvivant in Lodenjoppe und grünen Strümpfen.*[2]

So haben wir Defregger vor allem für die Darstellung der Rolle des Salontirolers und die Überlieferung dieses seltsamen Tirolers als Bestandteil frühen touristischen Treibens zu danken.

Als Kronzeuge der Trachtenkunde taugt er nur bedingt, so erquicklich manche Motive auch sein mögen. Mit einem ersten Blick sollte noch nicht der letzte Schluss gezogen sein.

# DER SALONTIROLER

## Eine modische Trachtenübung

Als Defregger mit seinem Motiv *Der Salontiroler* (1882) ein viel und weitum besprochenes Bild schuf, wusste er nicht, dass er uns irgendwann eine wunderbare Quelle zu einem damals üblichen gesellschaftlichen Trend, alpines Leben durch nicht älplerische Menschen nachzuahmen, liefern würde. Die Figur des Salontirolers war in der Entstehungszeit von Defreggers Bild bereits eine genau umrissene Figur. Als Vorbild dienten ihr jene ersten Touristen, die mit ihrem Verhalten wenigstens äußerlich so zu sein begehrten wie die Einheimischen. Also verkleideten sie sich als Einheimische, indem sie Lederhosen und Trachtenjanker trugen, und wie Lewald für uns 1834 festhielt, *sich mit den Einwohnern amalgamirt hatten.*[1] Handelte es sich um nicht-europäische Kulturen oder Minderheiten, würde man im Sinne gegenwärtiger Wissenschaftsdebatten in diesem Zusammenhang von *cultural appropriation/kultureller Aneignung* sprechen und das Phänomen vermutlich verdammen, wie es tatsächlich in letzter Zeit den berühmten Modehäusern der haute couture passierte, doch dazu später.

Nun, die Salontiroler waren Kunstfiguren, die sich auf städtischen Bällen, so genannten Alpenbällen, ein wenig Exotismus und Abwechslung in die Stadt holten oder die während ihrer Sommerfrische den Einheimischen mimten. Der Salontiroler, der seinen Ausgang im hanseatischen Hamburg und Berlin genommen haben soll, war eine muntere wie tragische Figur. So berichtet uns eine bayrische Kostümforscherin bitter:

*Dies Geschlecht der »Salontiroler« pflegt gewöhnlich im Winter seiner Freude an der Volkstracht auf sogenannten »Alpenbällen« Ausdruck zu geben, die besonders in Norddeutschland zuweilen Erscheinungen zeitigen, die das Herz des wahren Volksfreundes nicht ohne sanfte Trauer anzuschauen vermag.*[2]

Was wir nachweislich vom *Wiener Salonblatt* wissen, ist, dass ein Touristiker der ersten Stunde, ein gewisser Fridolin Plant, seines Zeichens Obmann des damaligen Tourismusclubs im Tirolischen Meran, im Jahre 1874 die *hübsche Idee* [hatte], *einen Touristen- oder Alpenball in die Reihe der Carnevalsfeste einzuführen.*[3] Tatsächlich war das karnevaleske Vergnügen, als Tiroler oder alpiner Trachtler Abwechslung in das Alltagsleben zu bringen, ein Motiv neben anderen, wie Venezianische Nächte, Watterkant- oder Nil-Feste. Der alpine Mensch wurde auf diese Weise zu einer fixen, unterhaltsamen Clownerie. Nichtsdestotrotz, dem kulturbeflissenen, historisierenden Besserwisser und Verfechter einer reinen Kultur war der Salontiroler mehr Schande als Beispiel. Als unecht belächelt, sich anbiedernd, hielt sich der städtische Salontiroler als Tourist dennoch bis in die 1970er-Jahre hinein. Da kam es vor, dass die gestrengen Kultur- und Tourismuskritiker an Wirtshaustischen und bei Diskussionen deutsche Touristen verächtlich Salontiroler schimpften.

Was in Defreggers Motiv auffallend ist und dem Salontiroler nur zu gern vorgeworfen wird, ist sein edles Aussehen. Die Salontiroler unterschieden sich von den alteingesessenen Tirolern vor allem durch ihr modisch gepflegtes Auftreten. Sie hatten so gar nichts vom derben, rauchenden, zahnlosen, archaischen Bauern an sich. Sie waren rasiert, adrett in der Erscheinung, hatten aber einen Fehler: *Ihren Mangel an Stilgefühl bekunden* [die Salontiroler] *dadurch, daß sie zum ländlichen Kleid, die Schnürfigur mit der geraden Linie und die komplizierte Modefrisur anlegen,*[4] befundet leicht säuerlich Rose Julien, eine der ersten Trachtenforscherinnen Deutschlands. Da haben wir's, sie kamen nicht an ihr Vorbild, den urtümlichen, von der Zivilisation unverwässerten Habitus des »echten« Eingeborenen heran.

Es mag paradox klingen, aber dass der Tiroler als Topos überhaupt einen Marktwert erlangte, verdankt er der Rolle des Salontirolers. Nur in dieser Differenz zwischen »echt« und »unecht« vermochte er sich in den Vereinen auszubilden. Salontiroler auf Alpenbällen außerhalb der Alpen nährten sich vom *fremdländischen* alpinexotischen Charme und dieser wiederum nährte die Identitätserzähler am Originalort. Diese Alpenbälle waren zeitgeistige Mode und sehr beliebt, da sie in Preußen, wie die Kostümfeste auch, von Karnevalsverboten ausgenommen waren.

Defreggers Motiv des Salontirolers entspricht genau den Schilderungen Rose Juliens. Inmitten einer Pfeife rauchenden Männerschar, flankiert von zwei Frauen, wovon eine dem Salontiroler keck entgegenblickt und die andere schüchtern an deren Schulter lehnt, hockt der glattrasierte, bestens frisierte Salontiroler und schaut ein wenig bekniffen. Der feine Herr in alpenländischem Frack unterscheidet sich in seiner Gezähmtheit von den Einheimischen auch dadurch, als er keinen Hut mit Hahnenfedern trägt. Er trägt überhaupt keinen Hut, vermutlich um die feine Frisur zur Geltung zu bringen. Die Salontiroler schienen Defregger irritiert zu haben, denn ähnlich konturiert wie im Bild *Salontiroler* wird diese Figur mit dem Motiv *Salontiroler mit Bergführer* (1835) erneut zu einem Thema. Der abwertende Begriff des trachtigen Salontirolers schien zur Zeit Defreggers bereits ein Klischee gewesen zu sein. Als Städter in »alpiner Tracht« war der Fremde ein halbfertiger Einheimischer und eine Schablone, die über annähernd ein Jahrhundert und über die Grenzen Europas hinaus Wirkung zeigte. Unter dem Originaltitel *Swiss Miss* erschien 1938 in den USA ein Film von Hal Roach und John G. Blystone, der Laurel und Hardy als Salontiroler in der Schweiz zum Inhalt hatte. Als der Film 1952 in die deutschen Kinos kam, gab man ihm den Titel *Laurel und Hardy als Salontiroler*. Die Kostüme waren ein beispielloser Mischmasch von Trachtenteilen und Dirndln, das Drehbuch bediente alle Klischees, die mit der Figur des Salontirolers verknüpft sind. So fand eine wunderbare Tradierung eines Stereotyps seine Fortsetzung und ganz nebenbei diente es der Entpolitisierung von Tracht. So kurz nach dem Krieg schien diese Unbekümmertheit wohltuend.

Der Salontiroler war nichts als eine erste modische Trachtenübung, dem ein eigenständiger Erfolg aufgrund gestrenger Regeln von Seiten der Vereinskämmerer nicht vergönnt war. Man sah in ihm nur eine Art schlechte Kopie des *echten* Tirolers oder Trachtlers.

**Berühmte Lederhosenträger**

Von Deutschlands Bundespräsident Walter Scheel (1919–2016) gibt es ein Foto, das ihn bei seinem Urlaub in Österreich in Lederhose und blauen Stutzen zeigt. Die Fußballer des FC Bayern München kostümieren sich jährlich zur Wiesnzeit in Lederhose und auch unter Managern im Bayern-Umfeld ist derlei Kostümierung willkommenes Spiel. Selbst der Direktor des Hauses der Kunst in München, Okwui Enwezor (1963–2019), zeigte sich in Lederhose. Die Liste wäre erweiterbar, dieses Spiel mit dem *alpinen Chic* erinnert uns an die Anfangszeiten der Entdeckung von Tracht, den Salontiroler und die Alpenbälle. ◀

# TABLEAUS, SPIEGELUNGEN, TRACHTENMÄRCHEN

## Künstler, doch Zeugen für die Kostümgeschichte?

Wo beginnt denn nun die Trachtengeschichte, ließe sich an dieser Stelle einwenden. Kurz und knapp ließe sich antworten, als Kleidung per se und in toto hat sie keinen Anfang. Oder es wäre aber möglich zu sagen, sie nimmt in jenem Augenblick ihren Anfang, wo der Mensch beginnt, sein Augenmerk darauf zu legen; in jenem Moment, wo das gewöhnliche, im Alltag verankerte, selbstverständliche Stück Kleidung zum Schutz gegen Nacktheit als etwas Besonderes hervorgehoben wird. Für Tirols Trachtengeschichte – und Tirol ist deswegen wichtig hervorzuheben, weil durch die frühe touristische Erschließung das Stereotyp des alpinen Menschen in Tracht sich in der Figur des Tirolers zwischen England und Spanien bis zur galizischen Grenze im Osten, heute Polen und Ukraine, in den Köpfen der Leute festgesetzt hat – sind Künstler wie Josef Anton Kappeller (1761–1806) erwähnenswert. Der Maler, der auch ein *Kunst- und Industrie-Comptoir Kappeller und Holer* in Wien betrieb, schuf mit seinen

*Trachten aus Tirol. Costume de Tirol* 1803, also noch bevor die Kammermaler ihre Lieblichkeiten für uns festhielten, einen sehr berührenden Querschnitt von Tiroler Trachten. Sein ziemlich gelangweilt dreinschauender *bewaffneter Tyroler Bauer aus der Gegend bey Innsbruck* (1799) lässt den heroischen Tiroler des später folgenden Defreggers recht blass dastehen. Da hockt ein Mann mit Säbel, Gewehr und (hölzernem) Morgenstern auf einem Stein, lehnt seinen Kopf mit geröteten Wangen in seine rechte Hand und lässt uns warten. Seine Knie lugen zwischen Lederhose und dem mit einem roten Bändchen gehaltenen Wadenstrumpf hervor, die bloßen Füße stecken in dunklen, von jedem Dekor befreiten Lederschuhen. Es passiert nichts, rein gar nichts in diesem Bild. Und gerade deswegen verdient es Aufmerksamkeit, weil wir einen nur allzu menschlichen, ziemlich gelangweilten Mann sehen, der noch nicht von der Aura eines romantischen Blickes oder von heldenmythischem Epos vernebelt ist. Nicht viel anders ist es mit dem zur gleichen Zeit entstandenen Bauern aus der Gegend um Sterzing. Wenngleich dieser weniger bewaffnet, aber in aufrechter Haltung steht, farbenfroher in der trachtigen Ausstattung und seine Beine in Kniestrümpfen und nicht in barfüßigen Wadensocken stecken, vermittelt zwar der Titel *zum Landsturme ausgerüstet* Kampfeslust, aber zur Erzählung eines Heldenmythos taugt das Bild wenig, da die dynamisch aktive Bewegung fehlt. Der statuarische Charakter der Kappeller-Figuren scheint in dokumentarischer Absicht erfolgt zu sein. Dies ist der Grund, sie in die Liste der Zeugnisse zur Darstellung der Tracht aufzunehmen, eben weil sie die nachfolgenden klinischen Hübschheiten korrigieren helfen. Bei Kappeller finden wir Frauen aus dem Unterinntal in ähnlich grober Ausstattung, wie sie die Reichsfrauenfotografin Liselotte Purper, verheiratete Orgel-Köhne (1918–2002), in den 1940er-Jahren nur mehr weitab von der Stadt vorgefunden hatte. Die Wadenstrümpfe bestehen aus gekringelten, naturweißen Schafwollwürsten, der Leib ist grob verschnürt, der Hut sitzt lässig bis unordentlich auf dem Kopfe.

Für die Region südliches Tirol entdecken wir mit Hilfe von Kappeller auch reichhaltig dekorierte Weibsbilder abgebildet. Sie tragen gestrickte rote Wollstrümpfe, eine verschwenderisch gebauschte, weiß gebleichte Leinenbluse mit rotem Busenfleck. Eine beeindruckende Schürze, die auf Seide schließen lässt und einen mit Federkiel gestickten Gürtel.

---

**Kittel**

Der Kittel ist jener Kostümteil, den wir heute Rock nennen, in älteren regionalen Zeugnissen im südlichen Tirol hieß er bis ins 18. Jh. hinein *Wiefling*. Bis zur Einführung der Baumwolle bestand er aus gewirkter, meist dunkler Schafwolle. Je breiter der Webstuhl, umso breiter waren die Stoffbahnen, desto eher konnten sie am Stück mit Plissier-Eisen gefältelt (plissiert) und umso weniger musste zusammengenäht werden. Die Nahtstellen wurden auch von der Schürze verdeckt – drum schließt bei den frühen Trachten die Schürze weit im Rücken. Einige Frauen fanden es ebenso schön wie praktisch, den unteren Teil des Kittels mit einer bunten Stoffbahn abzuschließen. Dieser mundartlich als *Besenborte* bezeichnete Abschluss war meist etwas robusterer Art. Die Kittellänge unterlag dem Einfluss moralischer, gesellschaftspolitischer Regeln. ◀

## Schürzen, Fürtuch

Die Schürze oder auch das Für- oder Vortuch sind fixer Bestandteil von Tracht und Dirndl. Sie schützt den Rock und ist geeignetes Mittel zur Repräsentation von Reichtum. Ein zusätzliches teures Stück Stoff als Blickfang macht was her. Deutsche Trachtenschürzen unterscheiden sich von slawischen vielfach in der Art des Materials und dessen Verarbeitung. Handgezogen gefältelt sind sie noch immer Zeichen von Qualität und weiblichem Hausfleiß. Die Schürzen der »deutschen« Tracht sollten nicht zu schmal geschnitten sein, meinen Vereinsfrauen. Je älter die Beschreibungen, umso weiter in den Rücken reichten sie hinein. Das Dirndl ist ja prinzipiell nicht handgearbeitet und verträgt maschinenverarbeitete Schürzen aus Baumwolldruck. Die Trachten der slawischen Frauen sind vorzugsweise ein bisweilen bunt gewebtes, vertikal fallendes Rechteck. Gebunden werden sie mit Webbändern oder Kordeln. ◀

## Blauer Schurz

Der im südlichen Tirol verbreitete blaue Schurz der Männer für den Werktag und der weiße für den Sonntag soll noch um 1916 nach anderer Art als heute getragen worden sein. *Auch die Männer, der Bauer sowohl als Knecht und Hütbub, tragen bei ihren Arbeiten Schürzen, und zwar im Hause blaue und gröbere, beim Ackern und Bauen jedoch weiße Schürzen,* berichtet uns ein gewisser Zingerle.[1] Mit Zunahme des Tourismus in Südtirol verbreitete sich das Sujet des sympathisch-mürrischen Südtiroler Bauern in blauer Schürze im Alltag. Den Italienern war er bis zur Befriedung durch den Abschluss des Südtirol-Paketes ein Dorn im Auge, trugen es doch vor allem Traditionsbewusste. In Bozen haben eine italienische Südtirolerin mit ihrem Mann, Anna Quinz und Fabio Dalvit, ein Designlabel in Anlehnung an den blauen Schurz gegründet und reüssieren damit vor allem in Italien, quasi außerhalb des Landes. ◀

## Alltagsschürze

Die Arbeitsschürze diente Holz und Rüben, Tränen und Rotz gleichermaßen. Die wenigen historischen Beschreibungen zum Nutzen von Alltagsschürzen erwähnen sie in Verbindung mit ihrer Funktion als Schneuz-Schnupftuch und als Traglasttuch. *Freilich werden auch häufig die Finger dazu gebraucht, um sich die Nase zu putzen, aber in Gegenwart anderer Personen tut man doch mehr geschämig, und besonders die Mädchen in der Schule wissen gar fein mit der Schürze sich die Nase zu putzen und auch die mütterliche Schürze dient als allgemeines Nasenreinigungsmittel der Familie.*[2] Die Schürze nannte man auch Kittlschurz, weil er über dem Kittel (Weiberrock) getragen wurde. Am Sonntag wurde die alte gegen eine frische Schürze ausgetauscht. ◂

Der Steiß scheint von einem (vermutlich) Rosshaarwulst, dem *Weiberspeck* oder *cul de Paris*, verstärkt zu sein. In der Hand hält sie dekorativ das für Frauen typische Handwerkzeug, eine Sichel. Das *Bauernmädchen aus dem Lechthale* wiederum ist weniger prachtvoll ausgestattet. Beide tragen ihre Kleidung hochgeschlossen, wenngleich die junge Lechtalerin mit ihrem blauen Jäckchen und dem gelb-roten Mieder passend frisch zum braunen Wollrock, den eine mit einer Borte versehene Schürze ziert, und ihrem höchst ungewöhnlichen, gerade nach oben gezogenen, langen braunen Hut von einer bewundernswerten Entzückung ist.

Kappeller verhilft, anders als die auf ihn folgenden und idealisierenden Maler und hier speziell vor Defregger, der Kostümgeschichte zu ihrem Recht, indem seine Motive widerlegen, was die Trachtenvereinsapologeten unentwegt prononcieren. Dass nämlich das, was sie heute am Leibe tragen, die »Originaltracht« sei, in der Tracht jene charakterliche Eigenschaft stecken würde, die man Haltung nennt und die auf den Motiven der Maler wiedergegeben wären. Die illusionsbefreite Berücksichtigung der Bilder von Kappeller oder Leibl dienen als geeignetes Korrektiv. Bekanntlich muss man dazu seinen Blick auf die Figuren und deren Silhouetten, die sie begleitende Draperie oder den Mangel selbiger, richten. Da offenbart sich recht schnell die Veränderung in Stil und Aussehen. So durchliefen die Vorläufer der heutigen Stücke einen beeindruckenden Formen- und Materialwandel, der von einer unerotischen Wuchtigkeit Jahre später hin zu einer von den Nazifrauen ersonnenen *gezähmten Erotik*[3] führte.

Zur Veranschaulichung von Tracht ist es der Trachtenforschung also durchaus möglich, auf Kunst und Literatur zurückzugreifen, eine allgemeine unabdingbare Voraussetzung ist es dabei aber, mitzubedenken, dass der Wunsch, sich zu bekleiden, ja, gar schön zu machen, in jedem von uns steckt, also ein individuelles Verlangen ist, das sich immer wieder neu ausrichtet, selbst korrigiert und wieder neu erfindet. Die Art, sich zu bekleiden, entspringt einem grundsätzlichen anthropologischen Sehnen und daher ist es mit der Tracht wie mit der Heimat: Alle Gruppen, Volksgruppen, Individuen sind per se heimatfähig beziehungsweise imstande, sich eine Art Tracht für alle Gleichgesinnten zu ersinnen, vorausgesetzt sie beabsichtigen, sich eine kollektive Erzählung zu geben. Darüber hinaus müssen geographische, politische, wirtschaftliche Bedingungen dies möglich machen. Ohne diese Intention unterliegt Tracht den Spielregeln der sich unter gesellschaftlichen Bedingungen verändernden Kleidung, sprich der Dynamik von Moderne.

Letztlich kommt man bei der Überlegung zur Tracht nicht umhin zu berücksichtigen, welche kollektiven Absichten hinter Trachtenbewegungen stecken, welcher erzählerischen Intention sie folgen und wer die Individuen sind, die das inzwischen höchst artifizielle Stück als Teil einer politisch-kulturellen Debatte sehen. Ob Leibl, Defregger, Segantini oder die vielen Kammermaler, sie alle helfen uns, auf dem Weg eines kritischen Vergleiches eine gewisse Beliebigkeit beim Thema zu erkennen. Nehmen wir dazu einen nicht akademisch geschulten Trachtenzeichner, den die Leidenschaft zum Pinsel greifen ließ. Diesen besonderen Beitrag zur Trachtengeschichte leistete der Tiroler Karl von Lutterotti (1793–1872). Lutterotti war studierter Jurist, dennoch endete er als Sammler, Dialektforscher, Trachtenmaler, sprich, als einer der frühesten Tiroler Volkskundler. Obwohl kein akademischer Maler, überlieferte er uns eine beachtliche Anzahl von Skizzen, die im Ferdinandeum in Innsbruck archiviert sind, zu den Gebieten Vorarlberg, Bayern und Trentino. Hervorgehoben wollen die welschtirolischen, also trentinischen Kleider sein. Die Arbeitsweise Lutterottis war es, zunächst auf seinen Reisen Skizzen zu fertigen. Diesen Blättern hat er Anmerkungen zu Farben beigefügt, mit dem Zweck, sie am Ende zu Hause als bunte Aquarelle zu vollenden. Die Hand des Nicht-Künstlers nimmt unter den sonst stets von akademisierten Künstlern überlieferten Trachten einen besonderen Platz ein, da er seinen Fokus auf Informationen zu den Individuen richtete. Lutterotti notierte in seiner Muttersprache Deutsch Ort, Farben, manchmal Namen und Beruf der Abgebildeten. Seine manchmal ungelenken Sujets, an denen sich Italiens Ethnologen abgearbeitet haben, dokumentieren abseits von echt oder unecht eines: Sie sind der beste Beweis für die bunte, individuell gestaltete Vielfalt der Frauen- und Männerkleidung. Weniger nach einem Stil festgehalten, weniger ausgewählt, was im Sinne der vaterländischen Idee idealtypisch sein könnte, zeigen sie Blusen, Joppen, Schürzen, Silhouetten, wie wir sie unterschiedlicher kaum kennen. Anders als bisher erwähnte Genremaler, anders als Josef Weger (1782–1840), der auch Welschtiroler Szenen abgebildet hat, brillieren Lutterottis Bilder durch ein besonderes Maß an Buntheit, sowohl was die Männer als auch die Frauentracht betrifft. Kaum berücksichtigt in der deutschen Forschung sind seine Frauen mit roten Strümpfen, bunten Tüchern, kurzen und langen blauen, roten und braunen Joppen, den gewebten oder bedruckten Schürzen, die ein sinnenfrohes Bildnis einer bunten Gesellschaft, die keiner Erzählung eines einheitlichen Mythos folgt, abgeben.

Die Trachtendarstellungen der meisten Länder zeichnen sich dadurch aus, dass sie ihre abgebildeten Modelle anonym behandeln. Bei wenigen Ausnahmen findet sich ein Name, manchmal ein Ort oder eine Großregion, meistens beliebig ausgewählt, verzeichnet. Der Schweizer Josef

Reinhard (1749–1824) tradiert für uns Schweizer Paare und Familien, die namentlich in der von ihnen getragenen Tracht ausgewiesen sind. Dieses Glück verdanken wir zum einen seinem Beruf, ein weitum geschätzter Porträtmaler gewesen zu sein, und seinem Auftraggeber, dem aufgeklärten Aargauer Seidenmal- und Grautuchhandelsfabrikanten Johann Rudolf Meyer (1739–1813), dessen Interesse nicht vorwiegend an einer Dokumentation modischer Entwicklung von Tracht gelegen war, als vielmehr an der Darstellung des *Homo Helveticus*, wie der Schweizer Historiker Martin Pestalozzi recherchierte.[4] Viele von Josef Reinhards Trachtenmenschen sind mehr Menschenbilder als idealtypische Schweizer Trachtenzeugen.

Was rein volkskundlich und höfisch stimulierte Maler und Forscher völlig außer Acht ließen, war dem Auftraggeber Reinhards wichtig. Es ging darum, das Individuum, die Person, die hinter der Kleidung steckt, hervorzuheben, sie namentlich zu nennen.

Und in diesem Detail steckt auch, was die bisherige Trachtenforschung so anfällig für Kritik macht: Die Anonymisierung erlaubt kaum Rückschlüsse auf die materiellen Verhältnisse des Trägers, also eine seriöse Recherche zu den generellen sozialen Bedingungen der Ausbildung von Kleidung anzustellen. Sie zeigt auch die dahinter verborgene Absicht, mit der Erzählung von Tracht ein Kollektivideal herstellen zu wollen. Nur im idealisierten Kollektiv wird das Individuum überflüssig, verliert die Kreativität des Einzelnen an Bedeutung zur Hervorhebung des großen Ganzen. Da Kleidung stets auch mit der Verbindung von Lebensstilen, ökonomischen Bedingungen, sozialen und politischen Beziehungen zu tun hat, ist es durchaus ein Mangel, wenn Dokumentationen keine Rückschlüsse auf den Träger zulassen. Verantwortlich für dieses Defizit, das den Erkenntniswert vieler Bilder und Blätter schmälert, sind die Vereine mit ihren Regelungen und nachfolgend oder zeitgleich engagierte Volkskundler. Sie, die in ihrem Bestreben, Tracht – sie nennen es Trachtenpflege – für ein klar ausgewiesenes Kollektiv erhalten wollten, stellten die Bedeutung des Individuums und dessen soziale Wirklichkeit hintan. Damit opferten sie ganz generell potenzielle Erkenntnis einer idealisierten, ethnisch-rassisch ausgerichteten Erzählung. Anders formuliert muss man sagen, sie erfanden sich »ihre« Trachten neu und glaubten damit gar, sie hätten damit das eine, einzig richtige *Original* der Geschichte dokumentiert.

Hier behandelte Beispiele sind nicht vollständig, doch stehen sie exemplarisch für eine Richtung, einen festgezurrten Blick, der mit zitierter kameralistischer Genremalerei einen ersten Höhepunkt erreicht hatte, ein weiterer sollte bald folgen. Recht bald kommt es unter dem Gepräge lieblicher Malerei zu den ersten Trachtensammlungen, die in den eben gegründeten ethnografischen Museen nach und nach Eingang finden sollten. Sammlungen, die kaum systematisch zusammengestellt wurden, und Erforschern, die Tracht nicht innerhalb der sich ständig verändernden Kostümgeschichte angesiedelt sahen, sondern als Teil eines nationalen Gründungsmythos behandelten.

Anonyme Trachtenfigurinen sind, je lieblicher und uniformer sie tradiert wurden, nichts als Spiegelungen eigener Bedürfnisse oder dekorative Tableaus für das idyllische Heim. Sie sind tatsächlich Zeugen einer Mode, jedoch nicht immer der vorherrschenden Kleidermode. Sisi in Magnatentracht ist wahrlich kein Beleg für Sisi als Trachtenträgerin und die trachtige Verkleidung der italienischen Königin bei ihrer sommerlichen Bergsteigerei auch nicht. Aber sie sind uns Zeugen für die Auffassung dessen, was man in die Tracht hineinlas und wie man die Berg- oder Landbewohner sah:

*Die Königin von Italien als Bergsteigerin. [...] aber wenige wissen, daß die Königin alle ihre Gebirgstouren in der Tracht der dortigen Aelplerinnen vornimmt. Dieses Alpencostüm besteht aus einem rothen, kurzen Rock, einer schwarzseidenen Schürze, einem rothen, reich mit Gold bestickten Mieder und einem kurzen, schwarzen Seidenjäckchen, dessen Ränder und Aermeleinsätze prachtvoll gemusterte Goldstickereien aufweisen. Die reizende Tracht wird vervollständigt durch ein rothes Kopftuch mit großer, gelber Schleife und reiche Perlenhalsketten. Die biederen Bergbewohner sind nicht wenig stolz darauf, ihre Königin in der Volkstracht bewundern zu können.*[5]

Spiegelungen menschlichen Begehrens sind sie, nichts weniger. Wollte man ganz kritisch denken, ließe sich bemängeln, dass es bisweilen besser gewesen wäre, die sozialen und politischen Umstände zu verbessern, als den Prinzessinnen eine Tracht zu verpassen.

# FREIHEIT ZUR MODE!

## Revolution, Nation, Attraktion

Die Trachtengeschichte ist zwischen aufklärerischer Revolution und der Ausbildung der Idee eines ethnischen Kollektivs anzusiedeln. Die von den reaktionären Trachtenvereinlern und Volkskundlern verfemte Demokratisierung war es, die es überhaupt erst möglich machte, den Fokus auf Land und Leute zu richten. Sie war es, die es den Malern ermöglichte, abseits von Herrscherporträts zu neuen Motiven zu finden, ihr verdanken wir die Freiheit des Subjekts und die Freiheit zum Reisen – generell Modernisierungen, von denen wir heute noch zehren, ohne dass uns dieser Zusammenhang bewusst ist. Angefangen von der Französischen Revolution 1789 und in Folge der Revolution 1848, die in Europa das Habsburgerreich, Italien und die Staaten des Deutschen Bundes betraf, war damit in Gang gesetzt, was gerade in Verbindung mit dem Gegenstand Tracht unerlässlich ist mitzubedenken, nämlich die mit ihr einhergehende Bauernbefreiung, die Agrarreformen, das Gespür für Gleichheit sowie die Industrialisierung und nicht zuletzt generell die Verbürgerlichung der Gesellschaft.

Vor diesem Hintergrund ist die Freiheit zur Mode für alle zu verstehen. Das Ringen um eine *Nationaltracht* war am Beginn dieser Phase nur ein Symptom im gesamten Umwälzungsprozess und es war auch nicht vorhersehbar, dass sich dieses Symptom zu einer Pathologie auswachsen würde.

Die Demokratisierung brachte dem Individuum eine Befreiung, mit ihr erübrigten sich Kleiderordnungen mehr und mehr, selbst die moralischen Regeln der Kirche vermochten da irgendwann nichts mehr auszurichten. Der repräsentative Charakter, der symbolische Sinn von Kleidung generell, war von diesen Veränderungen nicht betroffen. Die heilige Verbindung von Kleidung und Status blieb, eben weil sie ein grundsätzlich menschliches Bedürfnis ist, aufrecht. Als die Französische Revolution die alten monarchistischen Kleiderordnungen aufhob, galt ihr Bestreben, eine Art Tracht für den aufgeklärten Citoyen, den Bürger, einzuführen. Wie die Geschichte uns lehrt, blieb dies erfolglos. Nicht zuletzt, weil der Entwurf eines *habille de la révolution* des als Historienmaler bekannten Jacques Louis David (1748–1825) recht manieriert, ja, geradezu affektiert daherkam. Sein idealer Citoyen trug schulterlanges Haar, einen Schultermantel mit doppelreihigen Quasten, der Kopfputz bestand aus einem Hut mit Federbuschen, um die Taille hatte er ein Tuch in den Farben der Revolution gebunden, den Rock, zu den blauen engen Beinkleidern getragen, zierte ein Band über dem Knie. Selbst im von Paris weit entfernten Wien gab es Anlass, dazu Stellung zu beziehen. Einwand und Misserfolg gegen dieses Kostüm äußerte ein Autor in der *Wiener Moden Zeitung* von Oktober 1816, indem er auf die Andersheit der Deutschen hinwies: *[D]em Deutschen eingeborene Sinn für Würde und Mäßigung,* so der Autor, *liege doch in einer weisen Mitte zwischen französischem und englischem Einfluß, und zwischen Ziererey und Bizarrerie.*[1] Hier angesprochene kulturellen Grenzen zwischen Franzosen und Deutschen (Österreicher galten als Deutsche) sind uns Hinweis zu einem Denken, das die äußere Erscheinung eines Menschen mit seinen inneren Werten konform denkt. Das Individuum mit seinem äußeren Auftreten wird so zum Ausdruck sittlichen Wesens eines Kollektivs, nämlich der Nation. Der Aufbruch in neue Gesellschaftsordnungen, der am Ende im republikanischen Nationalstaat mündete, suchte nach einem homogenen Konzept, dies nach außen hin sichtbar werden zu lassen, sich ein äußerlich formidables Gesicht zu geben. Anders als die affektierte, erfundene Kleidung des intellektuellen französischen Revolutionärs war es nicht nur großdeutsch denkenden Menschen lieber, an das für sie Naheliegende, das scheinbar politisch-symbolisch Reine zu denken, und dazu zählte man die vom »unberührten Volk« getragenen Trachten. Die Frage nach einer *deutschen Nationaltracht* und einer *europäischen Civilkleidung* beschäftigte somit die Gemüter. Bereits ein Vierteljahrhundert vor den *Wiener Moden* erörterten die *Göttingischen Anzeigen von gelehrten Sachen* (1792) einen Disput in Kopenhagen zu drei Schriften, die sich mit dem Nutzen, der Einführung und dem Unterschied zwischen *Nationaltracht* und *bürgerlicher Tracht* beschäftigten. Ganz Europa suchte nach Lösungen, auch der Landtag der zu Österreich gehörenden Bukowina hatte sich im April 1899 der Frage zu stellen, da es Kräfte gab, die sich *Leibbinden in den Farben des Königreiches Rumänien, d. i. blau-gelb-roth* umbanden. Es war nicht gern gesehen, auch weil es Österreich gegenüber als subversiv angesehen wurde. Diese patriotische Idee, sich Leibbinden in den Farben des rumänischen Königreiches umzubinden, wurde von Schülern und Studenten praktiziert, es sollte künftig das Tragen unterbunden werden. Als zentrale Begründung war angeführt, dass es nicht die bäuerliche Bevölkerung war, also nicht alle Menschen, nicht das Volk, die sich derart gesinnungssymbolisch verhielten, denn diese würden die Farben der königlich-rumänischen Tricolore gar nicht kennen.

So brachten die Entwicklungen nach den Revolutionen es mit sich, dass nicht die Idee der prinzipiellen Gleichheit zu einer gemeinsamen Kleidung führen sollte, denn vielmehr die nationalen Eigenheiten zum Zwecke der Unterscheidung in der Mythologisierung der nationalen Trachten zu finden wäre. Eine namentlich nicht genannte Autorin brachte dies in ihrer fünfteiligen Serie über *Die neueste Tracht in ihrer historischen Entwicklung* im *Morgenblatt für gebildete Leser* vom Jänner des Jahres 1848 auf den Punkt, indem sie schrieb: Das *republikanische Streben unserer Zeit nach einer allgemeinen gleich machenden Tracht*, in welcher alle Standesunterschiede untergehen, wurde letztlich der Lächerlichkeit einer *altdeutschen Trachtenmanie*[2] preisgegeben. Hiermit bekommen wir den Beweis geliefert, den die Geschichte bestätigen würde, es brach sich ein gewisser *altdeutscher* Traditionalismus Bahn, wie dort zu lesen war.

Die Erörterungen zu den Nationaltrachten waren von Beginn an politischen Veränderungen geschuldet, ursprünglich geleitet von jakobinischen Ideen, fielen sie am Ende den provinziellen, reaktionären Kräften in die Hände, die das genaue Gegenteil damit zu erreichen beabsichtigten.

Noch während der zweiten Hälfte des 19. Jahrhunderts, dieser Zeit des gewaltigen gesellschaftlichen und industriellen Wandels, begegnet einem zur Bezeichnung bürgerlicher Garderobe der Begriff *Nationaltracht* ebenso wie für ländliche Kleidung *Tracht* und/oder *Nationaltracht*. Etymologisch bezieht es sich auf das *Tragen von etwas*, als Kleiderbegriff jedoch war es eine Erfindung des ausgehenden 18. Jahrhunderts. Ursprünglich fand die substantivierte Form von »die Tracht« Anwendung beim Essensmahl, da gab es die erste Tracht, die wir heute Vorspeise nennen, die zweite Tracht usw., die aufgetragen wurden. Die *Wiener Zeitung* vom 1. Februar 1844 führt das Wort noch in Zusammenhang mit der Beschreibung der königlichen Tafel bei der Hochzeit der jüngeren Schwester Maria Theresias, Erzherzogin Maria Anna (1718–1744), und Karl Alexander von Lothringen (1712–1780). Erst als die Volksbeschau der eigenen Leute es notwendig machte, deren Kleider zu beschreiben, nannte man das, was sie am Leibe trugen, »Tracht« bzw. am Beginn »Nationaltracht«.

Unter Nationaltracht verstand man zu jener Zeit auch jene lokale Kleidung, die *landestypisch* und einzigartig wäre, weil sie sich *mit Rücksicht auf die klimatischen Eigenthümlichkeiten eines innerhalb natürlicher*

*Grenzen abgeschlossenen Landstrichs* herausgebildet hätten.[3] So und ähnlich wird es in den Zeitungen der Zeit, beispielsweise in den *Blättern für literarische Unterhaltung* vom August 1843, kolportiert. Die Vorstellung, Kleidung repräsentiere etwas Inneres, führte dazu, dass die vielen Versuche den gerade aufsteigenden Nebel kaum lichteten. Die einen meinten, Länder wie Frankreich, Deutschland, England und Italien hätten, weil zu sehr stammesverwandt, nie eine Nationaltracht ausgebildet. Mit Polen, Ungarn und Spanien verhielte sich das anders, so die Meinung. Der Autor vertrat derlei, indem er *[d]ie Nationaltracht als geschichtlich vergangen* erklärte, da sie nur die Nation als Ganzes erscheinen ließe, aber *die Individualität verwischt*, was nicht von der Hand zu weisen ist. Er stand mit dieser Ansicht 1843 ziemlich alleine da. Erinnern wir uns an die Autorin, die nur fünf Jahre später meinte, das *republikanische Streben unserer Zeit nach einer allgemeinen gleich machenden Tracht, in welcher alle Standesunterschiede untergehen*, hätte ihr Ende in einer kleingeistigen *Trachtenmanie*[4] gefunden, bestätigt einmal mehr, dass die Auseinandersetzung mit dem Thema Kleidung, Nation, Moderne im Gange war und das Thema Tracht im Schatten der voranschreitenden Modernisierung und Demokratisierung zu blühen begann. Die einen sahen die Nationalkostüme als historisch überholt an, andere wiederum, wie das in Wien erscheinende *Fremdenblatt*, fanden, es sei an der Zeit, sich den Trachten verstärkt zuzuwenden. So hieß es dort in der Ausgabe vom Sonntag, den 14. August 1853, in Bayern wäre *höheren Orts eine Weisung erlassen, daß auf die Erhaltung der eigenthümlichen ländlichen Trachten, die mehr durch die modernen für den Landmann häufig unpraktischen Anzüge verdrängt werden, geeignete Rücksicht zu nehmen sei. Dieser Weisung dürfte alsbald eine praktische Folge bevorstehen, denn das landwirthschaftliche Komité in Regensburg hat die verschiedenen Bezirkskomités aufgefordert, gemeinsam mit den Landgerichtsvorständen dahin zu wirken, daß bei dem diesjährigen Oktoberfest in München Abgesandte aus den verschiedenen Gauen in ihrer eigenthümlichen ländlichen Tracht erscheinen und namentlich die, die Preisthiere vorführenden Individuen in das hergebrachte Nationalkostüm gekleidet seien.*[5]

Aus der Verwirrung lernen wir nur, dass es mindestens zwei Kräfte gab, die mindestens zwei Meinungen hatten. Diese zwei Kräfte, hier die libertären, jakobinischen Bürger, die mit ihrer Vorstellung von Kleidung ein Weltbürgertum zum Ausdruck bringen wollten, und dort jene Kräfte, die mit ihrem kreuzbraven christlichen oder einem ländlich-konservativen Denken das pittoreske Völkchen, vorbei an allen sozialen realen Bedingungen, beispielsweise zur Demonstration beim Oktoberfest gestellt wissen wollten.

Der Boden für die Genremaler Deutschösterreichs, Böhmens, Deutschlands, der Schweiz, war mit der Erfindung der Demokratie und der Ablösung des Absolutismus bereitet. Dies bot den Künstlern im Allgemeinen auf einen Schlag neue Sujets und im Besonderen vergrößerte es den Radius für die Porträtmaler. Das ganze Land mit all seinen Einwohnern konnte von nun an abgebildet werden. Die Freiheit des Individuums trug jedoch einen Widerspruch in sich: Obgleich diese Chancen ein Ergebnis demokratischen Wandels waren, führten sie zur Festigung konservativen Verhaltens, zu einem Hymnus auf die Zeugen einer zwar biederen, naiven wie ärmlichen, aber schönen Anmut, die den Charakter eines ganzen ethnischen Kollektives repräsentieren sollte. Was im 18. Jahrhundert losgetreten wurde – Demokratisierung hier und Popularisierung von Tracht in deren Schatten –, war zu Ende des 19. Jahrhunderts, speziell bei den Künstlern des *fin de siècle* (ab 1890), Gegenstand eines modischen Spiels, das ein jähes, grausames Ende finden sollte, gestoppt von jenen Kräften, die in der Tracht den Willen des Volkes veranschaulicht wissen wollten, in ihr mehr als nur ein Spiel im Wechsel der Jahreszeiten sahen. Bis zum Ende des 1. Weltkrieges lebten also zwei gesellschaftliche Strömungen im Trachtenkosmos nebeneinander her: Da wären die Touristen bzw. Salontiroler, die kunstaffinen und adeligen Menschen, die Tracht und Relikte trachtiger Kleidung mit ihrem Mode-Chic verschmolzen, und als Gegenreaktion zu diesem freisinnigen Spiel erwachten die ersten wissenschaftlich ambitionierten und politisch national orientierten Heimatforscher. Und weil der Mensch, seit er Mensch ist, am meisten mit sich selbst ringt, und *ein unablässiger Kampf zwischen Tradition und Innovation, zwischen reproduzierenden und kreativen Kräften* [herrscht],[6] wie ein berühmter Philosoph im Exil 1944, Ernst Cassirer, befand, gilt es anzuschauen, ob oder welche der beiden Kräfte – die konservierenden oder die kreativen – den Sieg davontrug.

# VOLKSTUM ZWISCHEN CHIC & SPIEL

Gegen Ende des 19. Jahrhunderts ist nicht nur die Spielerei der Alpenkostümierung ungebrochen beliebt, es nehmen auch die wissenschaftlichen Beiträge zum Thema Tracht zu. Speziell in Österreich waren zur Sommerszeit bürgerliche Menschen in Tracht Teil des Landschaftsbildes. So wie der Salontiroler über Jahre der rituell wiederkehrende Sommergast in Tirol war, übernahmen im Rest Österreichs Künstler wie Patrioten in Lederhose und Dirndl diese Rolle. Sie schlüpften während der Sommerszeit nur zu gern in trachtige Gewänder, sie besuchten Umzüge oder veranstalteten selbst Trachtenumzüge. Jene, die es sich zu leisten vermochten, begaben sich in die neu gegründeten Fotografischen Ateliers, um sich in trachtiger Kostümierung abbilden zu lassen. Die Fotografie beschleunigte den Trend in bisher nie dagewesener Geschwindigkeit. In Innsbruck ging man auf ein Porträt zu Max Ketzler (1868–1937), in Zürich zu Traugott Richard (?–1886) oder Rudolf Ganz (1848–1928). In Wien wiederum kokettierten feinsinnige Künstlerinnen wie Dora Kaiser (1892–?) im Atelier der Dora Kallmus (1881–1963), auch als Madame d'Ora bekannt, auf höchst ästhetische Weise mit Tracht. In Deutschland, dem Deutschen Reich, ließen sich übers Land verstreut die allerletzten Trachtenträger im nächstgelegenen größeren Ort ablichten – meist vor einer gut arrangierten, ländlichen oder alpinen Studiokulisse.

Da im Deutschen Reich die Industrialisierung schneller voranschritt als im österreichischen Kaiserreich, tauschte man dort früher und schneller die alte Kleidung gegen eine neue Garderobe. Die durch die Industrialisierung Europas vorangetriebene Modernisierung schuf Gleichzeitigkeiten, hier das agrarisch selbst gefertigte Alte, dort das industriell gefertigte, praktikablere Neue. Sie zeitigte, hier, den Neuerungen zugewandte Menschen und, dort, Tradierer von *Althergebrachtem,* wie man das gerne nannte. Auf gesellschaftlicher und politischer Ebene entsprach dies der Gleichzeitigkeit von Weltbürgertum und patriotischem Nationalismus. Am Ende führte dies durch die zunehmende Politisierung und Selektion zu einer Verengung des Begriffes *national.* Vor allem im Deutsch-Österreichischen Raum verstand man mit dem Wort national nicht immer eine universelle Gesellschaft im Sinne bürgerlicher Ideen. Es ging nicht um die Freiheit des Einzelnen und dessen Verbürgerlichung im Sinne einer Tradition der Französischen Revolution. *Nationaltracht, Nationalkostüm* wurden Part von *Teilidentitäten,*[1] Rolle von etwas Größerem. Nationaltrachten wurden zu Platzhaltern für etwas, das über den einzelnen Menschen hinausweisen sollte, sie wuchsen sich zum Symbol eines großen, hochidealisierten Traumes aus.

Der Sommerchic führte zur Mode, sich im Studio
in »alpiner« Kleidung ablichten zu lassen.

Schätzten die bürgerlich libertären Kräfte die alte Knechtschaft abgelegt, das moralische Korsett der Kirche und des Königs demontiert, dem Subjekt zur Freiheit verholfen zu haben, sahen die nationalkonservativen Kräfte den Auftrag zum Triumph erst noch vor sich: Mit dem Sieg Preußens und Österreichs (samt Verbündeten) in der Völkerschlacht zu Leipzig 1813 gegen Napoleon erwachte ein erstes kulturdeutsches Selbstbewusstsein, das unmittelbar Auswirkungen auf die Trachtengeschichte hatte. Der Triumph, über die bürgerlich intellektuellen Franzosen gesiegt zu haben, gab der Vision einer alldeutschen Kultur in archaischer Reinheit Auftrieb. Die bürgerlichen Eliten von damals, die Studenten, taten sich zusammen und gründeten 1815 in Jena ihre erste Burschenschaft, der noch viele folgen sollten. Mit ihnen und ihren politischen Bestrebungen, das Wesensmerkmal der deutschen Kultur, im Gegensatz zur elitären Schnöseligkeit der Franzosen (wir erinnern uns an den affektierten Entwurf für die Kleidung des Citoyens), als kollektive Qualität zu preisen, war die grundsätzliche Politisierung von Kultur und mit ihr der Tracht eingeleitet.

---

### Anstecker und Kartenmotive für den guten Zweck

Das augenfällige, naiv-hübsche Motiv von Trachtenmenschen camoufliert das bisweilen dahinter verborgene Böse. Das NS-Winterhilfswerk produzierte Anstecker mit Trachtenfiguren auf hauchdünnem Stoff auf Karton, die von einem Kunststoffrahmen eingefasst waren. Gegen eine Spende waren diese zu erwerben. Der Salzburger Kriegsopferverband, im Jahr 1945 gegründet, ließ zu ähnlichem Zwecke zum Kriegsopfertag Salzburger Trachtenfiguren auf Postkarten drucken. ◀

## Schokoladebildchen & Zuckersackerl

Wien im Jahr 1937, der Direktor des Volkskundemuseums in Wien, Arthur Haberlandt, schrieb im hauseigenen *Magazin Wiener Zeitschrift für Volkskunde: Unser Museum für Volkskunde sieht sich nun schon seit Jahr und Tag vor die Aufgabe gestellt, nach bestem Wissen und Gewissen diejenigen zu beraten, die ihrem eigenständigen deutschen Volkstum in Oesterreich auch in ihrer Kleidung zeit- und artgemäß sich verbunden zeigen* wollen und daher sähe er sich in der Pflicht, die Schokoladenfabrik Ph. Suchard A. G. im vorarlbergischen Bludenz bei ihrer Werbebildchenaktion zu unterstützen. [...] *sorgfältig ausgewählte und unter Hintansetzung malerischer Effekte getreulich wiedergegebener Volkstrachten aus Salzburg, Kärnten, Tirol und Vorarlberg. Sie halten den Typus unserer Landbevölkerung in Gesichtszügen, Haltung und Gebärde natürlich und ungezwungen fest und bringen seine Erscheinung recht wohlansehnlich zur Geltung.* Noch vor dem »Anschluss« war dem Herrn Direktor, dessen Museum mit Spendengeldern von jüdischen Österreichern zustande kam, daran gelegen, Tracht und Rasse als Topos zu verbreiten. Die Popularisierung nahm mit den der Schokolade beiliegenden Sammelbildchen ordentlich an Fahrt auf. Bis weit in die Nachkriegszeit hinein nutzten Firmen zu Marketingzwecken für sie typische, lokal und regional bedeutsame Sujets zur Kundenbindung. So eigneten sich Sammelbildchen bei derlei Luxuswaren bestens, indem sie über das Sujet Erwachsene und Kinder gleichermaßen ansprachen. Die steierische Kaffeegroßrösterei Hornig aus Graz brachte nach dem Krieg, ein Jahr war bisher nicht herauszufinden, eine ansprechende Zuckersackerl-Serie mit dem Thema *Österreichische Trachten* heraus. ◀

Nationale Symbole helfen auch der Produktbewerbung.

Tracht sicherte sich im Schatten der Freiheit der durch die Französische Revolution eingeleiteten Demokratisierung, und im Streulicht auch der technischen wie allgemeinen Modernisierung, ihr Überleben. Nicht zuletzt, weil die Schönen und Reichen sie zitierten, mit ihr spielten, kurzum diese adelten. Der Vorteil der Demokratisierung durch die Revolutionen war, dass plötzlich alle gleich waren, alle Kultur hatten – auch das derbe Landvolk. Die Neugier, die Menschheit zu erkunden, richtete sich also auch auf das, was man gemeinhin Volk, Staatsvolk, nennt. Somit schlug die Stunde des *Volkstums* und der *Volkskultur*, die namentlich so um 1805 herum in den Zeitschriften für *gebildete Stände*, oder die *elegante Welt*, wie sie hießen, auftauchte. Die *Heidelbergischen Jahrbücher für Literatur* sprachen 1815 gar von einer *militärischen Volkskultur*, sie differenzierten also bereits.[2] Demokratisch engagierte Männer sorgten dafür, dass *Volkskultur* in Zeitschriften, die sich z. B. *Morgenblatt für Gebildete Stände* nannten, zu einer politischen Größe, zu bildungspolitischem Ansinnen wurde. In der *Wiener allgemeinen Literatur-Zeitung* hieß es mit September 1814: *In der Sorge der Regierung für die moralische und intellektuelle Volkskultur liegt die Bedingung für die Beschleunigung des beständigen Fortschreitens der Menschheit, und der Regeneration der bestehenden Staaten.*[3] Die Intention hinter dieser Volkskultur war staatsökonomischer Natur: Je besser man den Staat und dessen Volkskultur kennt, umso effizienter ließe sich dieser modernisieren. Ohne dies an dieser Stelle tiefer erörtern zu können, kann man befunden, dass das Gespür für Volkskultur zu einem Bestandteil der Ökonomielehre und in der Folge Teil der Bildungs- und Kulturpolitik wurde. Speziell in Österreich war es das kaisertreue Judentum, das sich für die Verbindung von Tradition und Moderne begeisterte, darin keinen Widerspruch sah. Es ermöglichte durch finanzielle Zuwendungen vornehmlich nach dem 1. Weltkrieg die Erforschung und Institutionalisierung in Museen, die sich diesem Thema widmeten.

Kaum beachtet von großen Theoretikern wie Philosophen, Juristen, Staatswissenschaftlern, waren es die sich formierende Volkskunde und die ambitionierten Heimatforscher, die sowohl im städtisch-akademischen Milieu als auch im ländlichen Raum aktiv für eine bäuerliche Volkskultur agitierten, auch wenn sie den Begriff aus der Staats- und Ökonomielehre nicht in deren Sinne übernahmen. Sie nannten es mit zunehmender Beschäftigung lieber *Volkstum* und gestanden es nicht allen Einwohnern gleichermaßen zu. Die Popularisierungsmaßnahmen dieser ersten Heimatforscher führten zu Trachtenvereinsgründungen, zu Heimatpflegevereinen, zu Vorträgen in Gebirgs- und Alpenvereinen, zu Aufsätzen in deren Organen. Sie sorgten letztlich dafür, dass die Rede vom rechten *Echten* und *Authentischen* des *Volkstums* die Köpfe der Leute durchdrang, sich dort breitmachte. Zunächst spielten alle dieses gesellschaftliche Spiel von Volkskultur, die Arbeiterschicht eingeschlossen. Sie, die bekanntermaßen sozialistischen Ideen zugetan war, schuf sich einen Arbeitertrachten- und einen Arbeitervolkstanzverein.

Die Trachtenkultur war Freizeitkultur für alle. Und doch gab es einen feinen Unterschied. Die einen suchten damit die Erzählung einer kulturellen Identität in Bewegung zu setzen, die anderen pflegten solche Ereignisse wie andere Freizeitvergnügen auch. Die Tiroler beispielsweise erlaubten sich 1897 ein etwas übertrieben benamstes *Tiroler Nationaltrachten-Fest* – wie dem *Tiroler Grenzbote, Wochenschrift zur Belehrung und Unterhaltung* zu entnehmen ist. Jedem, der zum Anlass in Tracht erschienen war, wurde freier Eintritt gewährt. Dies ist das Signal für uns zu erkennen, dass es zum Zeitpunkt dieser Feste längst nicht mehr selbstverständlich war, in trachtiger Kleidung zu erscheinen, die quasi natürliche Kleidung auch auf dem Lande nicht mehr Tracht war und damit bereits der Mythos Identität durch Tracht seine Wirkung zeitigte.

Bei den Tirolern drückt sich dies im Selbstverständnis des Tirolertums aus, indem sie es tatsächlich *Tiroler Nationaltrachten-Fest* nannten. In der Tat waren die Tiroler einem breiteren Publikum bekannt. Die aus Gründen der Geschäftigkeit reisenden Geschwister Rainer als Sänger, die Grödner Spielzeugverkäufer, oder auch Maria Fassnauer (1879–1917), als Riesin von Tirol, nicht zuletzt auch die Hymnen auf Andreas Hofer in den Bildprogrammen verhalfen der Tiroler Tracht in Europa zu internationaler Bekanntheit.

Die Vorstellung, was ein Tiroler ist, das Tableau *des Tirolers*, und deren trachtige Kostümierung, hatte sich über Jahre verbreitet und geradezu in die Köpfe der Menschen einzementiert. Derart, dass wir diesem Sujet, diesem Stereotyp auf dem offiziellen Tirolerball des Landes Tirol bis zur Ermattung begegnen. Derlei romantisierender, um nicht zu sagen religiöser Dynamik konnten selbst die frühesten Kritiker nichts anhaben:

*Sie geben ihre Persönlichkeit preis, ihre Nationalität. Diese bunten Deckenverkäufer, diese muntern Tiroler Bua, die wir in ihrem Nationalkostümen herumwandern sehen* [...] *Als ich vorigen Sommer in den glänzenden Koncertsälen der Londoner fashionablen Welt diese Tyroler-Sänger, gekleidet in ihre heimathliche Volkstracht, das Schaugerüst betreten sah und von da herab jene Lieder hörte, die in den Tyroler Alpen so naiv und fromm gejodelt werden, und uns auch ins norddeutsche Herz so lieblich hinabklingen – da verzerrte sich Alles in meiner Seele zu bitterem Unmuth, das gefällige Lächeln vornehmer Lippen stach mich wie Schlangen, es war mir, als sähe ich die Keuschheit des deutschen Wortes aufs roheste beleidigt, und die süßesten Mysterien des deutschen Gemüthlebens vor fremden Pöbel profaniert. Ich habe nicht mitklatschen können bei dieser schamlosen Verschacherung des Verschämtesten* [...],[4]

schrieb wenig verständnisvoll Deutschlands berühmtester Schriftsteller der Zeit, Heinrich Heine, jener Mann, dem die Wittelsbacher Habsburgerin Sisi Lob zollte.

# GROBHEIT IM STIL, OPULENZ IM GESCHMACK UND NATIONALE LEGENDEN

Es braucht nicht, wie gern und vorzugsweise geschehen, die Romantik bemüht werden, um Tracht zu erklären. Im Gegenteil, es muss die Politik- bzw. die Demokratiegeschichte beigezogen werden.

Die in der Trachtengeschichte gern bemühte Romantik ist nichts als eine künstlerische Epoche, sie ist süßes Beiwerk, das vor allem auch der höfischen Politik und ihren Absichten zu Diensten war. Die Kammermaler des Wiener Hofes und die Vertreter des Königreiches Bayern dienen uns hierfür als Beleg. Ihre behübschten, süßlichen Darstellungen sorgten für ländliche Idyllen, sie zeichneten und malten die idealen Figuren zu einem scheinbar unpolitischen Bühnenbild. Der Aufruf an die Landbevölkerung, beim Oktoberfest des Jahres 1853 in Tracht zu erscheinen, verfolgt dieselbe Strategie wie die Arbeiten der Hofmaler. Die Verschränkung eines romantisierenden Blickes von Volkskultur mit einer politischen

Empfehlung zum Deutschtum wuchs sich mit der Zeit zu einer Direktive moralischen Anstandes aus, die letztlich in einem patriotisch tendenziösen Gebot von Tracht enden sollte. Die Kostümgeschichte oder Stilkunde sollte dabei keine Rolle spielen.

Daran änderte selbst die wissenschaftliche Freiheit nichts, die mit Einsetzen der Republiken, der Weimarer Republik, der 1. Republik in Österreich, möglich gewesen wäre auszukosten.

So kam es, dass man sich die Fabel von einer Kontinuität der Tracht ersann, diese verklärte Volksidee über die Köpfe der Frauen hinweg zu einem idealtypischen Kleid ausrief. Diese Haltung verstellte den Blick auf die Segnungen und Veränderungen der Moderne – in Freiheit Individuum sein zu können, nicht mehr Leibeigener oder Tagelöhner sein zu müssen, anziehen zu können, was man wollte, soweit man es finanziell vermochte.

Tracht, besonders die zu Beginn der 1940er-Jahre *erneuerte Tracht* in Österreich, aber auch jene semihistorischen Relikte in den Vereinen Deutschlands, müssen aus wissenschaftlicher und aus kostümhistorischer Perspektive sowie aus ideologiekritischen Gründen argwöhnisch (und nicht romantisierend) besehen werden. Dies umso nachdrücklicher, weil die Erzählungen von Tracht vorsätzlich zur Stärkung eines Kollektivs genutzt wurden. Deswegen ist Tracht nicht nur ein Kleidertypus unter vielen. Das Faktum, dass Trachtenträger bereits damals einer kulturpolitischen Erzählung folgten, da Tracht schon zu diesem Zeitpunkt keine Alltagskleidung mehr war, kann man nicht negieren. Nur noch vereinzelt trugen um die Mitte des 19. Jahrhunderts meist ältere Leute aus Gewohnheit Tracht am Sonntag. Ebenso von Bedeutung ist, dass zu keinem Zeitpunkt – bis zur Erfindung der *erneuerten Tracht* während des Nationalsozialismus – diese je eine kollektive Uniform darstellte, es je zwei genau gleich genau angezogene Trägerinnen gab.

Keine trachtige Frau sah bis zur Erfindung der *erneuerten Tracht* wie die andere aus, wenngleich es so was wie eine gemeinsame Silhouette gab, bedingt durch die zur Verfügung stehenden Materialien und die natürliche Figur. Die Details am Kleidungsstück richteten sich nach dem Geschmack der Trachtenträgerin, es gab, nach Aufhebung der höfischen Kleidergebote und vor Gründung der Trachtenvereine, kein Regulativ, wie etwas auszusehen hatte. Allein die zur Verfügung stehenden Ressourcen, der Geschmack und die Moral diktierten die Kleidung, denn auch diese spezielle Kleidung funktioniert wie jede Garderobe, nämlich nach generell gültigen anthropologischen Strategien zur eigenen Zier durch die Individuen. Ähnlichkeiten folgen einer urmenschlichen Dynamik der Affekte. Diese besagt, dass es einen danach verlangt, was die Nachbarin bereits hat. In umgekehrter Weise gedacht: Die Nachbarin begehrt, was ich mir ersonnen, um mich von der Nachbarin abzuheben. Dies menschliche Begehren und Verlangen ist wesentliche Triebfeder vieler Neuerungen wie Änderungen, die die Mode voranbringen. Mit Erscheinen der Trachtenbewahrer in den Trachtenvereinen wurde diesem Elan vital Einhalt geboten. Die Vereinstrachtler stellten das Kostüm unter ihren Schutz und dichteten ihm eine

Wesenheit an, an die wir immer noch glauben. Um es ungeschönt zu formulieren, das wenig vorteilhafte, erotikbefreite Gewand mit seinen groben Stoffen und den überdimensionalen Kopfbedeckungen war zum Nachteil der Frauen und zu Recht kaum mehr in Verwendung. Rose Julien, der wir ein wundervolles Tableau zu Deutschlands Trachten verdanken, wie auch andere Autoren lamentierten unentwegt, dass diese Art von Kleidung kaum mehr getragen würde. Tracht war also bereits zum Zeitpunkt der Vereinsgründler ein Relikt.

Sie entsprang Sehnsüchten, beziehungsweise pittoresken Idealvorstellungen, wie Leute vom Land zu sein hätten, um die Welt als Kulisse schöner zu gestalten. Und weil dies so war, weil längst kein *selbst gesponnen, selbst gemacht* mehr der Normalzustand war, weil die Rohstoffe dazu nicht mehr selbst fabriziert wurden, wurde Tracht zu dem, was sie noch immer ist: rein dekorativer Putz, der in einer langen Erzählung von etwas historisch Diffusem steht, zum Vorteil politischer Fraternisierung herangezogen wird und sich zum Nachteil der Schönheit der Trägerinnen auswirkt.

Da besonders konservative Kräfte oder nationalkonservative Parteien die bäuerliche Vergangenheit und nationale Kultur zur Stärkung der eigenen Wertegemeinschaft bemühen, erstaunt das Interesse von Parteien wie CDU, ÖVP, FPÖ, den Identitären und der AfD, mit Tracht Politik machen zu wollen, den Kenner kaum. Die Tracht und mit ihr die Trachtler dienen damit einer Kulturpolitik, die ihrer sozialen und kulturellen Realität verlustig ging. Trachtenträger produzieren unentwegt hochidealisierte *nation legends*/nationale Legenden. Sobald sie sich dabei auf *historische Echtheit* berufen, damit das Ziel verfolgen, eine solche anzustreben, liegen sie bereits falsch, denn keine der Trachten war je wie eine Uniform genutzt, keine sah je so aus wie die andere. Nachgerade weil es nach Aufhebung der Kleiderordnungen keine Direktiven gab. Das will heißen, dass Trachtenfrauen bis zur Erfindung durch die Nationalsozialisten keine zentimetergenauen Vorschreibungen von Länge, Breite, Kombination, je derart rigide zu befolgen hatten. Allein das moralische Korsett, keine Haut zu zeigen und nicht lasziv zu sein, hatte Einfluss auf die Gestaltung. Würden Trachten nach bildlichen Vorlagen des 18./19. Jahrhunderts nachgeschneidert, hätte dies gravierende Veränderungen in der Trachtenlandschaft zur Folge, aber vor allem Einfluss auf das Körpergefühl der Frauen. Die Silhouette veränderte sich auf einen Schlag. Was wir an unseren Muslimas kritisieren, nämlich dem Diktat einer religiösen Kleidervorschrift zu folgen, täten wir damit umso mehr, als Trachtlerinnen dies ohnehin schon tun. Vor allem die Weiberleut aus Deutschlands längst versunkener Trachtenlandschaft behübschten sich einst mit Hauben und martialisch aufgeblähten Kopftüchern, die dazu dienten, zu zeigen, *was man so hat*. Unserem heutigen Verständnis von weiblicher Schönheit gereichte dies zum Nachteil. Damals stand ihnen der Sinn nach einem Von-allem-ein-wenig-zu-Viel. Für uns sind diese Darstellungen Zeugen eines oftmals gar bizarren Geschmackes. Trachtenbücher, die bis ca. 1918 in Umlauf kamen, lehren uns eine gewisse Opulenz im Geschmack, aber auch

Grobheit im Stil, die die letzte verborgene Schönheit von Frauen zum Verschwinden brachte. Umso verständlicher ist die *Abkehr von der alten Kleidung*. Das Lamento über diese *Abkehr von der alten Kleidung* bildete in fast jedem Trachtenbuch der Trachtenforschung den Auftakt – noch bis in die 1990er-Jahre hinein.

Die Landpomeranzen hingegen, die das Zeug zu tragen hatten, waren über die Segnungen industriell hergestellter Stoffe und modischer Modelle erfreut. Daher war die Erfindung des Dirndls aus Baumwolle die logische Konsequenz in der langen Entwicklungslinie von Kleidung. Dessen Nutzung nahm nach dem 1. Weltkrieg für wenige Jahre an Fahrt auf. Ja, sie wurde modischer Trend während der Sommerzeit. Keine Ausgabe der frühen Modezeitschriften oder Hausfrauenmagazine erschien im Juni ohne einen Dirndlmodetipp. Schon damals galt, was der vielgeliebte wie ebenso gehasste Schriftsteller Thomas Bernhard 1987 in *Elisabeth II.* seinem Herrn Herrnstein, einem Großindustriellen, in den Mund legte: *Kaum haben die Leute Geld, kaufen sie sich diese alten scheußlichen Häuser, gehen in Dirndlkleidern herum und in Lederhosen und machen sich mit Fleischhauern und Holzhackern gemein.*[1]

Das schlicht gekleidete Landvolk
diente den sommerfrischelnden Urlaubern als Vorbild.

# DIE GEBURT DES BAUMWOLLDRUCKES UND DES DIRNDLS

Als die aus Franken stammende Rose Julien 1912 ihre auf Fahrtenforschung beruhende Trachtentafel für Deutschland präsentierte, hielt sie für uns Nachgeborene einen wissenswerten Hinweis fest. Entgegen dem Stereotyp, wonach es die Frauen wären, die jetzt sofort jede Mode übernähmen, schien ihr Gegenteiliges augenfällig und kritisierenswert: *Wer um die Wende des 20. Jahrhunderts, aus dem Leben schöpfend, noch ein Bild deutscher Volkstracht geben will, der wird in der Hauptsache eine Geschichte der Frauentracht schreiben müssen; kleidet sich doch der deutsche Bauer seit Jahren und Jahrzehnten mit wenigen Ausnahmen nach städtischem Schnitt.*[1] Bei den Männern war es der Anzug, der Frack und die lange Hose, die das bäurische Gewand verdrängten. Die Männer waren es also, die sich der Mode auslieferten. Um den historischen Bedingungen auf die Spur zu kommen, sollten wir uns an die Nachricht zum Oktoberfest vom August 1853 erinnern, wonach von Regensburg aus darauf Wert gelegt wurde, die Fest- und Marktbesucher, insbesondere jene, die mit ihren Viechern Preise verliehen bekommen würden, zum Trachttragen zu veranlassen. Es waren unzweifelhaft die Modernisierung durch Industrialisierung und die Demokratisierung, die den Alltag der Menschen umzumodeln begannen, wovon die Kleidung nicht unberührt bleiben sollte. Der technische Fortschritt des 19. Jahrhunderts ermöglichte die schnellere Produktion von Waren, das betraf auch die Bekleidungsindustrie. Dies wiederum führte dazu, dass sich Moden schneller verbreiteten und ablösten. Im habsburgischen *Klein Wien*, das eigentlich Temesvar hieß, und das im heutigen Rumänien liegt, trugen die städtischen, bürgerlichen Frauen am Beginn des 20. Jahrhunderts, so überliefert es uns der serbisch-banatische Schriftsteller Miloš Crnjanski, *Mode aus Paris, eingeführt über Wien.*[2] Mode war zu Zeiten der Reisen von Rose Julien, was sie immer schon war, eine Angelegenheit derer, die es finanziell vermochten, Neuerungen anzunehmen, dazu zählte die Landbevölkerung nicht als Erstes. Da bekanntlich Reformen ihren Ausgang in den Zentren der Städte nehmen, kommen diese an der Peripherie, auf dem Land, mit entsprechender Zeitverzögerung an. Gemäß dieser Regel, wonach man auf dem Land immer *a bissl hintn* war, fiel den aus den Städten kommenden Bildungs- oder Erholungsreisenden sofort auf, was sie in der Stadt nicht hatten, nämlich wunderliche Landgestalten. In den Augen der schöngeistigen Landfahrer wie Malern, Autoren, Industriellen und Lehrern waren solche Landaufenthalte romantisch, bukolisch, jedoch selten kritisch beäugt. Wer hatte schon Lust, in seiner Freizeit der Landarmut in die Augen zu schauen. Daher waren hübsche

Landpomeranzen ein in der Landschaft gern gesehener Statist. Dennoch erreichten die Auswirkungen der Textilindustrie irgendwann auch die Peripherie. Augenscheinlich wurde dies, als die Webwaren durch Meterware aus Baumwolle ersetzt wurden, der Kramerladen im Dorf bedruckte Stoffe im Angebot hatte. Und dieser Umstand machte die Erfindung des Dirndls überhaupt erst möglich. Die Menschen, ob Bauer oder Arbeiter, griffen zu leichten Stoffen, die sie nicht mehr selbst herstellen mussten. Das viel zitierte *selbst gesponnen, selbst gemacht, war sonst die schönste Bauerntracht* – so lautete übrigens der Titel einer Preisschrift, die dem Erfinder, einem Landwirtschaftslehrer namens Karl Hornstein, 1842 einen Preis durch die Mährisch-Schlesische Gesellschaft zur Beförderung des Ackerbaues der Natur- und Landeskunde in Brünn einbrachte – traf immer weniger zu. Die Veränderungen auf dem Textilsektor waren beeindruckend. So veränderte sich die gesamte Garderobe, Schürzen, Blusen, Trikotagen wie Strümpfe und andere Maschenware verdrängten das selbstgemachte Zeug. Unweigerlich zeitigte dies Auswirkungen im Aussehen der Menschen. Da fielen dann die zur Sommerfrische passenden Statisten in der herrlichen Landschaft weg, sobald sie sich in bequeme, industriell gefertigte Kleider und Anzüge warfen. In der Folge ging *das trunkene Künstlerauge* leer aus. Je moderner, zeitgemäßer sich das Landvolk kleidete, umso lauter wurde der Ruf derer, die dadurch ihre Idylle bedroht sahen. Aus dieser Verlustangst resultiert das über Jahrzehnte weinerliche Lied von der Moderne, die ihren Tribut fordere, indem sie das alte, niedlich hübsche, uriggroteske, authentische Landleben zerstöre. Dieser diffusen Verlustangst verdanken wir die vielen Pflegevereine. Doch damals schon und immer noch handelte es sich bei diesem Abgesang um eine *falsche Sentimentalität*, die im Kern immer schon antidemokratisch war. Adolf Loos hatte recht, als er jenen, die dieses Lied sangen, und das waren die Touristiker, Vereine und die Urlauber, vorwarf, sie wären daran interessiert, *dem Bauer das Brandmal seiner Knechtschaft zu erhalten.*[3]

Demokratisierung und Modernisierung ermöglichten Veränderungen, die Kleidung tragbarer und waschbarer werden ließ. Indem der schwere Lodenfrack und die Leinenhemden gegen Samtleibln und industriell gefertigte, leicht waschbare Baumwollgewebe ausgetauscht wurden, Schuhe allmählich Stiefel ablösten – dies geschah mehrheitlich je nach Region nach dem 1. Weltkrieg – und der größennormierte Schnittmusterbogen die Nähwelt eroberte, führten sie zur Freiheit der Mode und der körperlichen Freiheit der Frauen. Die Befreiung vom schwer herzustellenden, schwer zu nähenden und pflegenden Kopfputz aus Kartonagen, seidenen Stoffbahnen, opulenten Filzhüten und breiten Schluppen war daher nur eine Frage der Zeit.

Besonders die deutsche Trachtenlandschaft verfügte über bisweilen bizarr-groteske Aufbauten, egal ob in evangelischen oder katholischen Gegenden. Ob Jungfrau oder alte Vettel, alles suchte sich zu behübschen, zu verschönern, zu leuchten, zu imponieren. Es schien, als wetteiferten die Frauen nach dem Motto, es sei die Schönste, wer den höchsten Turm oder den schwersten Kopfschmuck zu tragen vermöge. Das Trugbild der *originalen Tracht* vergaß mitzuerzählen, dass solche Kleidung eines aufwändigen Zeitmanagements beim Ankleiden und der Pflege bedurfte. Es erzwang auch gegenseitige Hilfe beim Binden und Putzen. Ein Aufwand, den man sich heutzutage in reduzierter Form gerade mal am Hochzeitstag leistet.

## Kopfputz

Zum Kopfputz zählen Frisur genauso wie Kopfbedeckungen aller Art. Grundsätzlich gilt: Das Kopftuch oder die Hauben sind frisurenfeindlich. Frisuren wiederum vermögen der Frau eine gewisse individuelle Attraktivität zu verleihen. Als die Behübschung der Frau als wenig zweckmäßig galt, die religiöse Order von ihnen verlangte, nicht der *luxuria* (sie ist eine Todsünde) zu verfallen, diente mitunter die Kopfbedeckung dazu, den Zivilstand der Frauen anzuzeigen. Doch mochte der Aufputz auch bisweilen grotesk sein, damit glaubte man zusätzlich zum Zivilstand auch Schönheit auszudrücken. So ein Kopfputz kostete bisweilen ein Vermögen. Da es sowohl in katholischen als auch in evangelischen Regionen nicht erwünscht war, baren Hauptes in die Kirche zu gehen, ersannen die Frauen sich Kopfbedeckungen, die funktional wie attraktiv sein sollten. Die Vielfalt der Kopftücher und Hüte reichte von schlichten Deckeln bis zu sich mächtig auftürmenden Hauben. Die *alemannische Haube* hatte besonders im Elsass mit der *Elsaßschleife* was zu bieten. Die Markgräflerin zierte sich imposant mit einem seidenen Haubenband. Das Gebiet der *schwäbischen Haube* reichte vom Schwarzwald im Westen bis nach Ingolstadt im Osten. Bisweilen erleuchtete es wie ein Pfauenrad den Kopf. Die Lust auf Gepränge war religionsübergreifend gleich ausgeprägt, der Hinterkopf meistens gut verpackt (dies mag dem natürlichen Gesetz des Schwerpunkts geschuldet sein). Die *fränkische und hessische Haube* imponierte mit spitz und oval gegen den Himmel zulaufender Form. Die *schlesische* und *westfälisch-niedersächsische* Haube weist reichlich Bindebänder auf, findet mitunter im Kinn ihre Bindung, was der Schönheit der Frau eher abhold ist.

In österreichischen Gegenden waren es vor allem die Frauen im südlichen Tirol, die es den Männern gleichtaten und ordentlich große Hüte, mit von seidenen Bändern gesäumten breiten Krempen, trugen. Das Haar der Defreggerinnen aus Osttirol zierte ein bescheidenes, mit zurückhaltender Eleganz beeindruckendes Filzhütchen. So manche Salzburger Hinterländlerin imponierte mit dem Nebelstecher genannten Spitzhut. Im Alltag führte das Kopftuch Regiment. Am Sonntag tauschte man es gegen ein frisch gewaschenes, oder ein Tuch edleren Materials aus. Hüte waren hauptsächlich aus Filz, je nach Gegend im Sommer aus Stroh. Eine Ausnahme bilden die Goldhauben, die sich entlang der Warenroute der Donau zu einer statthaften bürgerlichen Mode auswuchsen. In Binnengegenden zierten Gold- oder Silberhauben die Häupter bürgerlicher Weiberleut. Der eine oder andere Bänderhut wird in einzelnen Gegenden Kärntens getragen. Anders als die Männer nahmen die Frauen in der Kirche ihre Kopfbedeckung nicht ab. ◂

Die Hüte der Frauen konnten von imposanter Ausdrucksweise sein. Deshalb wurden sie schon mal ironisch benannt. Da gab es etwa den Nebelstecher, dessen Spitze in den Himmel ragte.

Besonders in Mittel- und Norddeutschland trugen
reiche Frauen eindrucksvolle Aufbauten aus Karton, Spitzen,
Brokaten, Bändern in Form von Maschen, Schleifen, Schleiern.
Schwarz trugen Verheiratete, bunt die Jungfrauen.

Die rasant voranschreitende Industrialisierung im Deutschen Reich ließ das Land von einem Agrarland zu einem Industrieland wachsen, schneller als dies in den habsburgischen Ländern erfolgte. Folglich veränderte sich der Alltag der Menschen ganz generell, die Einteilung des Tages begann sich zu wandeln, das Zeitmanagement wurde ein anderes. Vielfach waren es um 1912 herum nur mehr die älteren Frauen und Männer, die sich den Aufwand leisteten, sich nach alter Manier anzuziehen. Gar oft hieß es, *[d]er Schnitt der Kleider aus einfacheren Stoffen erinnert zuweilen noch an sie* [die letzte Tracht des letzten Jahrhunderts] oder *[a]uf dem Bayrischen Walde ist seit Jahrzehnten jede Spur von Tracht geschwunden.*[4] Für das Elsass vermerkte Julien, *[w]as sich in den Vogesentälern an ländlicher Kleidung findet, verdient die Bezeichnung »Tracht« schon längst nicht mehr*[5] und für Hamburg und Umgebung meinte Julien prosaisch, *[a]uf der zu Hamburg gehörigen Halbinsel Finkenwärder hat vor wenigen Jahren die letzte Trägerin der Tracht das Zeitliche gesegnet.*[6] Nur in den entlegensten, agrarischen Gegenden traf man damals noch unter alten Leuten Trachtenträger an. Daher ist es wichtig hinzuhören, wenn die Autorin schreibt, *Kleider* wären *aus einfacheren Stoffen* gemacht und sie würden wie ein Relikt der früheren Tracht wirken, nur mehr an deren Erscheinungsbild erinnern. Wem fällt da nicht das in Österreich weit verbreitete Dirndl ein, ein leichtes Kleidungsstück aus Baumwolle? Anders als in Deutschlands vielen Kleinreichen pflegten die Habsburger ihre romantische Liebe zu ihrem Landvolk durch das Landleben des Hofes auf dem Kammergut, in unmittelbarer Umgebung zu den bäuerlichen Gestalten. Die Praxis der Sommerfrische auf dem Land führte zu einer modischen Entwicklung, die ästhetisch Maß an der einfachen Dienstkleidung der Mägde nahm. In Österreich tauchen um 1895 in den Modezeitschriften vermehrt Vorschläge für Dirndlkleider auf. Bedruckte Baumwollstoffe, *einfachere Stoffe* also, verdrängten um diese Zeit Leinen, Loden, Wolle. Ab diesem Moment kann man von einer Trennung zwischen Tracht und Dirndl sprechen. Die Mode gebar das Dirndl, die Technik des Baumwolldruckes war die Hebamme dazu. Daraus lernen wir: Das Dirndl ist die logische Folge einer Kleiderentwicklung, es ist ein Kind der Zeit und deren technischer Neuerungen. Kurzum: Es ist Mode! Doch genau dies wurde dem guten Stück und jenen, die es trugen, stets angekreidet. Denn Mode wurde gegen Tradition – sprich Dirndl gegen Tracht – in Stellung gebracht. Da das Dirndl in den Augen der zeitgleich sich formierenden wissenschaftlich ambitionierten Forscher nicht als Teil der Tracht angesehen wurde, fehlen uns in der volkskundlichen Fachliteratur ausführliche Beschreibungen dazu.

Noch bevor wir auf das Stigma des Dirndls, ein modisches, oberflächliches, städtisches Kleidungsstück für Jüdinnen, Amerikanerinnen und Engländerinnen zu sein, eingehen, will auf Österreichs ersten seriösen Trachtensammler und -forscher geblickt werden. Auch deswegen, weil es die Gleichzeitigkeit – hier, den Versuch Überkommenes zu dokumentieren und dort, Neues zuzulassen – verdeutlicht. Im Resümee sehen wir, wie das modische Spiel der neuen Zeiten und der Abschied vom 19. Jahrhundert (fin de siècle) darüber hinaus einen femininen Eros ins Dirndl brachte. *Wer da glauben wollte, daß die Bauernmoden der Städterinnen immer dieselben bleiben, der würde sich gewaltig irren, Die Dirndln, die in Pensionen, Hotels, in Villen und adaptierten Bauernhäuschen wohnen, sehen Jahr für Jahr immer wieder anders aus,*[7] stand in der *Wiener Frauenzeitung* vom Juli 1912 zu lesen, und immer öfter auch in anderen Modezeitschriften. Bemerkenswert beim Dirndlphänomen ist darüber hinaus, dass Dirndlkleider ebenso als Verkleidungsmöglichkeiten für *Alpen- und Bauern-Feste* vorgeschlagen wurden. Das *Kostüm Ischlerin* oder das *Kostüm Tegernseerin* empfahl das *Blatt der Hausfrau* von Dezember 1911. Angaben zu Stoffverbrauch, Farben samt einer Illustration waren also Teil eines exotischen, gemeinsamen lockeren Spiels. Ein Jahr zuvor, 1910, schlug selbiges Blatt kurz vor Weihnachten vor, den Kindern *Weihnachtspuppen in Tiroler Bauerntracht* zu fertigen. Alpine Verkleidung war längst ein fixes Sujet in den Köpfen von Kosmopoliten. Sie ist uns Zeugnis für eine Gleichzeitigkeit des Ungleichzeitigen. Diese Gleichzeitigkeit des Ungleichzeitigen ist eine natürliche physikalische Bedingung der Welt, besonders die kulturelle Vielheit einer Gesellschaft funktioniert auf Basis dieses dynamischen Prozesses. Vergangenes und Neues vermögen, sobald sie den anthropologischen (menschlichen) Kräften unterworfen sind, gleichzeitig zu existieren, zur Gänze als Selbstverständlichkeit zu überleben oder als Überbleibsel in einem neuen anderen weiterzuleben. Nur der Glaube an die Pflicht, unveränderliche Ewigkeit herstellen zu wollen, negiert derlei menschliches Verhalten. Daher gilt, je ideologischer und idealisierter ein kulturelles Phänomen wie Tracht aus dem Fluss der Zeit, dem Ablauf eines natürlichen Prozesses also, genommen wird, umso statischer und unveränderlicher tritt es in Erscheinung. Da kann es passieren, dass es vollends den Anschluss an die reale Welt verliert und als dingbeseeltes Überbleibsel dahindümpelt. Das Dirndl ist als Widerspiel von Tracht ein Symbol für die Wandelbarkeit von Welt, ein Beispiel für eine Variation der Spielart der sich in Bewegung befindenden Welt. Die Leichtigkeit, mit der es in die Welt kam und genutzt wurde, war nicht von langer Dauer. Rückwärts gewandte Heimat- und Trachtenpfleger drängten es in ein idealisiertes Korsett – dem sklavisch Folge geleistet wurde.

# VOM VORTEIL DER NÄHMASCHINE

Die in der ersten Hälfte des 19. Jahrhunderts erfolgte Hinwendung der Kosmopoliten zur ländlichen Kultur, zur Volkskultur, war das Ergebnis demokratie- und gesellschaftspolitischer sowie technischer Neuerungen. Es bedurfte einer Bildungsschicht, einer gesellschaftlichen Klasse, die über genügend Freizeit, finanzielle Mittel und Neugier verfügen musste, um sich Landaufenthalte leisten zu können. So schufen ökonomische Bedingungen die Grundlagen für eine Freizeitmode, die ihren Ausgang bei wohlhabenden, gebildeten, städtischen Menschen nahm. Da gab es keine Berührungsängste, weder zu modernen Trends noch zu altmodischem Leben auf dem Lande. Diese Menschen waren es, die dieses Leben als exotisch apart empfanden, darüber neugierig wurden und sich ihm zuwandten.

Die gleichzeitig nicht ausbleibenden Gegenspieler in den Vereinen schlugen einen gegensätzlichen Weg ein. Bereits angesprochene Gleichzeitigkeit von Modernisierung da und Lob auf die Erhaltung des alten Krempels dort, konturierte sich politisch, indem das all- und großdeutsch denkende Lager als Vertreter eines deutschen

Wertekonservatismus Stellung gegen die Landbegeisterung des jüdischen Bürgertums nahm. So bildeten sich recht bald Weltbürger hier, nationaltendenziöse, ethnisch großdeutsche Idealisierer dort aus. Zwei Strömungen, die zunächst voneinander getrennt und reibungsfrei nebeneinander her lebten. Die Kosmopoliten waren zuvorderst unpolitisch oder kaisertreue säkulare Juden, die das Leben genossen. Die großdeutsch Denkenden entdeckten recht schnell das ethnische Potenzial, das in der *Volks*kultur steckt. So kann man bei den zeitgleich auftretenden Phänomenen Tracht und Dirndl bedenkenlos von einem Resultat zweier Welten sprechen, die von der prinzipiellen Anschauung unterschiedlicher nicht sein könnten. Hier die weltoffene Neugier der Weltbürger am Anderen und dort die Überhöhung des Eigenen durch die pangermanischen Selbstidealisierer und Historisierer. Bedauerlicherweise einigten sich die Pangermanisten auf ein folgenschweres Dogma, eine rassistische Doktrin, die sich auf ihrem Höhepunkt gegen die eigenen österreichischen Patrioten und Juden richtete. Den Höhepunkt erreichte dies mit den im Jahr 1943 erlassenen *Richtlinien über Trachtenpflege und Trachtenerneuerung zur Festigung deutschen Volkstums und deutschen Wesens.*[1]

Einen Ausweg aus dem damals ersonnenen Korsett zu finden, ist noch immer nicht leicht, denn gerade eben erleben wir ein Revival erwähnter ethnopolitischer Dimension von Trachtenkleidung. An dieser Stelle nun, kurz nach dem 1. Weltkrieg, wo die Kaiserreiche Deutschlands und Österreichs ihr Ende nehmen, steuern wir auch beim Kleiderverhalten auf eine Gabelung des Weges zu. Daher will noch mal verknappt ein Blick aufs Gewand geworfen werden, auch um ein wenig Ordnung in die Geschichte von Tracht und Dirndl zu bekommen. Am Beginn des 18. Jahrhunderts sprach man, losgelöst von der Französischen Revolution und deren Absicht, ein Nationalkostüm für den Citoyen zu ersinnen, von einem Nationalkostüm bei trachtigen Menschen. Um die Mitte des 18. Jahrhunderts herum wurde beim Blick aufs Landvolk bevorzugt von Volkstracht gesprochen, durchaus auch in einem tribalistischen Sinne (von Volksstämmen). In den ersten Jahren des 19. Jahrhunderts blieb die Tracht das Kostüm der Landbevölkerung, mit dem Aufkommen der ersten modischen Baumwolldirndln am Ausgang des Jahrhunderts galt Tracht als antimodern, als *Verkörperung der Resignation*. Da das Dirndl von Beginn an als *nicht selbst gesponnen, nicht selbst gemacht*, sondern als modisch industrielles Erzeugnis angesehen wurde, blendeten es die wissenschaftlich ambitionierten Heimatforscher und Vereinsmeier in ihren Aufsätzen komplett aus. Sie widmeten sich lieber dem Aufbau der Erzählung des deutschen *Wesens* von Tracht, ihnen war daran gelegen, in der Tracht ihre idyllische Vorstellung einer deutschen bäuerlichen Kultur zu verdichten.

So kam es, dass am Beginn des 20. Jahrhunderts, mit dem Ende des 1. Weltkrieges und der Neuordnung Europas, die Tracht in den Fokus jener rückte, die mit ihr Ethnopolitik zu machen beabsichtigten und denen dies auch nachhaltig gelang. Das Dirndl wurde auf diesem Weg ob seines modischen Charakters vorsätzlich von der Tracht abgegrenzt. An dieser Weggabelung – so um 1914 bis 1921– also wuchs sich *Volkstracht* zum Ideal eines deutschen Wesens aus. Am Ende dieser Entwicklung – 1938 bis 1945 – sollte die nur zu gerne als »echt« und »uralt« beschworene Tracht in einer Neuerfindung, der *erneuerten Tracht* aufgehen. Dem Kostüm haftet seitdem ein Geschmack an, der nur schwer abzulegen ist, auch weil die dazu passende Ideologie in den Vereinen weiterlebt. Lange Jahre danach, so allmählich ab den 1990er-Jahren, wurden Dirndl und Tracht begrifflich mehr zu einem beliebigen Dirndldurcheinander, einem Dirndlclusterfuck, einem kleidsamen Spiel, das sich um *echt* und *unecht* wenig scherte. Ganz so, wie es schon einmal war. Ja mehr noch, es sollte die Zeit anbrechen, wo sich so mancher aus dem *Volk* erlaubte, *Landhausmode* von C&A zu tragen, statt teure Tracht vom selbstautorisierten Trachtencouturier. Was umgehend die Puristen, unter ihnen die Wissenschaft, mit einer Geschmackskritik auf den Plan rief.

So gilt es zu resümieren: Modernisierung im Allgemeinen, die erlangte Freiheit des Subjekts, Freizeit, Geld im Besonderen, beeinflussten die Trachtenkleidung. Der Einzug der Nähmaschinen in die Privathaushalte (ab ca. 1830) tat sein Übriges, um dies zu beschleunigen. Als die erste Nummer der *Oesterreichische Nähmaschinen- u. Fahrrad-Zeitung. Fach-Zeitschrift zur Hebung der Nähmaschinen- und Fahrrad-Industrie* am 25. Juli 1904 erschien, war bereits die Rede davon, dass sich *fast* [in] *jedem Haushalte* eine solche befände.[2] Versuchen wir uns vorzustellen, was es bedeutet haben mag, nicht mehr schweres Leinen, federndes Rosshaar und ebenso schweren Loden von Hand herzustellen und zu vernähen, so können wir den Einfluss dieser Entwicklung und die damit verbundene Erleichterung erahnen. Wer weiß, ob es deutsche und österreichische Trachten überhaupt noch gäbe, wenn sie nicht politisches Instrumentarium antisemitischer Pangermanen geworden wären, sondern bloß den Gesetzen gesellschaftlicher Schwankungen und technischer wie ökonomischer Neuerungen gefolgt wären.

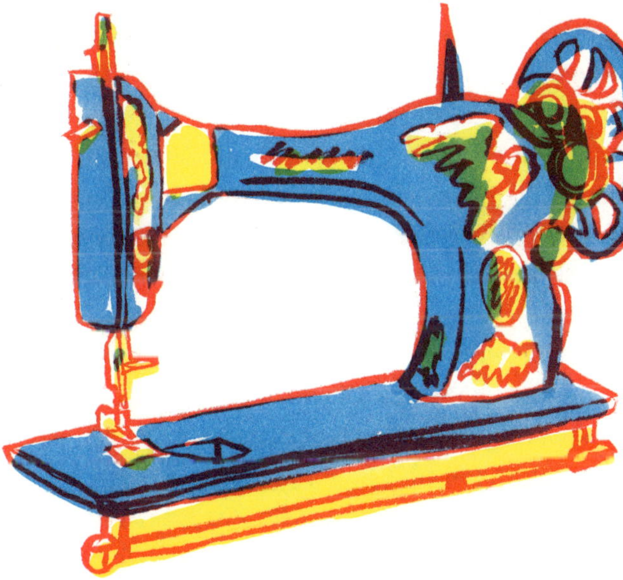

Die Erfindung der Nähmaschine und die industrielle Produktion von Baumwollballen sowie der Baumwolldruck ermöglichten die schnelle Schneiderei von Sommerdirndln.

Tracht ist für sich genommen, auch wenn dies gern anders gesehen wird, nur ein Phänomen menschlicher Bekleidungsgewohnheit, seiner Selbstdarstellung, sie ist Spiegelung der Putzsucht des Menschen. Sie unterliegt ebenso dem technischen Fortgang in all seinen Facetten. Webstühle, Nähmaschinen, Stoffdruckmaschinen und was sonst noch alles von Seiten der Textilindustrie Einfluss auf die Materialproduktion hat, bedingt allerlei Veränderungen, auch bei der Tracht. Um zu vervollständigen, was sie außer Ausdruck von Putzsucht zu sein noch ist, muss eben auch die Demokratiegeschichte miteingebunden werden. Als symbolische Ordnungshalterin ist Kleidung generell Teil (speziell höfischer) von Hierarchien, beruflicher Stände und Zünfte, also sozialpolitischer Natur. Revolten bleiben also nicht ohne Einfluss auf die Erscheinungsweisen von Kleidung, wie wir immer wieder feststellen müssen. Aufklärerische Ideen und/oder das revoltierende Volk sind unabdingbarer Teil in der Auseinandersetzung um Tracht. Das *Volk in Tracht* des 20. Jahrhunderts ist ähnlich wie der Mensch des 18. Jahrhunderts in *Nationaltracht* eine politische wie symbolische Größe der Geschichte – unabhängig vom Schönheitsempfinden der Frauen gedacht.

Die Entdeckung des *Volkes* in all seiner bunt-binnenexotischen Erscheinung während der lang währenden Zeit des aufgeklärten Absolutismus hierzulande sowie die trachtige Verkleidung Adeliger und hoftreuer Bürgerlicher, darunter der säkularisierten Juden, war nichts als schöne Dekoration zu einem monumentalen Politdrama. Das frisch entdeckte trachtig gekleidete *Volk* fand seinen sinnbildlichen Ausdruck in Kaiserhuldigungsumzügen, in der Verbreitung bunter Stiche trachtiger Figuren. Für Österreich spielte Joseph II. (1741–1790), der Sohn Maria Theresias (1717–1780), mit seiner religionskritischen Haltung und der Aufhebung des Leibeigenschaftspatentes eine nicht zu unterschätzende Rolle bei der Säkularisierung aller Volkskultur. Nicht umsonst nennt man ihn bis heute im betont prokatholischen Tirol abschätzig *Kirchenräuberseppl*.

Im habsburgischen Österreich, dessen romantisch verträumte Vorliebe fürs bunte, arme Volk noch immer ein wenig wie ein feiner Sprühnebel über dem Land hängt, dauerte diese Phase der Gleichzeitigkeit von Aufklärung und verklärter alteingesessener monarchischer Ordnung, die sich im lieblich-trachtigen Volk versinnbildlicht, bis in die Zeit der Pariser Vorortverträge nach 1918 an. Zur Veranschaulichung dient uns ein Aquarell von Josef Weger aus dem Jahr 1882 mit dem Titel *Huldigung an Kaiser Franz I. durch die Tiroler.* Auch die zahlreichen Schwarz-weiß-Negative aus dem Jahr 1910, die den Kaiser in Bad Ischl bei einer Huldigung der Jägerschaft zeigen, wollen von der Harmonie zwischen Adel und Landvolk – wohlgemerkt nicht dem Arbeiterproletariat und den ärmlichen Knechten und Mägden – erzählen.

Die symbolische Sinnstiftung von Tracht und Dirndl als Ergebnis der Industrialisierung, sprich Modernisierung, verlief, wie wir bis hierher sehen können, viele Jahre lang gleichzeitig und unaufgeregt nebeneinander her. Der Nimbus Österreichs, als agrarisch-edles Bauernland zu gelten, in den ländlichen Trachtenfiguren dessen

Idealrepräsentanten zu sehen, dauert noch an. Weiterhin sieht man den mit der Tracht zusammen gedachten 4. Stand, die Bauern, als demokratiepolitische Größe, der man lieber huldigen sollte, an. Immer noch sind abseits der Metropole Wien die bäurischen Trachtler ein gewaltiges Stimmgewicht bei Wahlen.

Vor dem Hintergrund der Technikgeschichte, der Tourismus- und der Demokratiegeschichte ist die um die Jahrhundertwende vom 19. zum 20. Jahrhundert sich ausbildende Trachtenbewegung zu lesen. Unter dem Einfluss von Mode ist sie zu betrachten und der Trennung von bäuerlichem Volk als passendes Ideal gegen urbane Dekadenz und städtischem Proletariat verdankt sie ihr Überleben.

# EIN WERTKONSERVATIVER JUDE ALS ERSTER SERIÖSER TRACHTENFORSCHER?

Um es mit einem der erfolgreichsten, ehemals österreichischen Kunsthändler und -sammler der Welt, Serge Sabarsky (1912–1996), zu sagen, *sie* [die Juden] *fühlten sich tatsächlich als Weltbürger österreichischer Nationalität. Sie fühlten sich voll und ganz als Österreicher und dachten nicht daran, sich von ihren nichtjüdischen Mitbürgern zu unterscheiden* [...].[1] Die Akzentuierung »Jude« muss vor dem Hintergrund der politischen Geschichte des Kostüms Tracht gedeutet werden. Dies zu betonen ist ein Anliegen, ist es doch prinzipiell jedem Menschen möglich, unabhängig von Stand, Religion, Herkunft und finanziellen Möglichkeiten, Tracht und Dirndl zu tragen wie zu erforschen. Doch die politische Geschichte von Tracht und Dirndl macht eine Hervorhebung dazu notwendig, denn sie führte dazu, dass die religiöse Zugehörigkeit des hier besprochenen Forschers trotz dessen Selbstverständnisses als Kosmopolit und Patriot überbetont, und er daher nicht, oder nur von einzelnen Personen, jedoch nicht lege artis in den Kanon wissenschaftlicher Forschung aufgenommen wurde. Anders als Tirol, Bayern und die Schweiz im 18. und 19. Jahrhundert, die gezielt von Bildungsreisenden angesteuert wurden, oder die auf der Strecke einer *Grand Tour* lagen, verhielt es sich beispielsweise mit dem in Österreich gelegenen Salzkammergut. Als Kammergut war es ein Gebiet, das Teil des Privatbesitzes des Kaisers war. Dorthin begab sich das Kaiserhaus von Wien aus auf Erholung und zur Jagd. Dementsprechend auratisch aufgeladen ist es noch immer. Der Kaiser stand in lebhaftem Einvernehmen mit der dortigen Jägerschaft, und deren Kleidung übernahm er – ganz fraternisierend. Auf zahlreichen Bildern, Stichen und Fotografien finden wir den Kaiser in Jagdkleidung dargestellt, stets trug er sie mit der gleichen Erhabenheit und Würde wie seinen höfischen Ornat. Ein Ensemble seines Jagdkostüms ist uns erhalten. Wie bereits eingangs erwähnt, hatte es der Leibschneider des Kaisers aus Ramsauer Loden hergestellt. Der Kaiser trug diese Kleidung als Statement, ein stolzer Jäger von ländlicher Bescheidenheit zu sein, als Geste der Gemeinsamkeit mit seinen Jägern. Damit adelte er seine Jäger und deren Arbeit. Der Ruf der kaisertreuen kammergütlerschen Jäger hallte bis in die Residenzstadt. Die Jagdkleidung in den Farben Grün-Grau hält sich bis heute als »typisches« Gewand des Salzkammergutes und als Symbol von Traditionsverbundenheit. Der damals gewachsene Stolz der Kammergütler nährte eine Aura, von der die Region noch immer zehrt. Auf dem nach dem

Opernball zweitwichtigsten Ball Österreichs, dem Jägerball, schlüpft so mancher internationale Geschäftsmann mit österreichischen Wurzeln aus London kommend in eine Lederhose samt grünen Stutzen im Stile des Salzkammergutes. Da feiert eine Tracht, in diesem Fall eine Männertracht, aber nichts weniger als eine Diensttracht, sich selbst und vergisst, dass sie Jäger von Kaisers Gnaden waren, denn ihm allein gehörte das Gut und dort zu jagen war nur jenen erlaubt, denen er dies gnadenhalber gestattete.

Die Berühmtheit des Kaisers zog es nach sich, dass die Gegend vom Hochadel besucht wurde und, im Zuge der Industrialisierung und Verbürgerlichung der Gesellschaft, auch das städtische Großbürgertum dorthin in die Sommerfrische wollte. So folgten die reichen Bürgerlichen, aber Kaisertreuen den Spuren des Wiener Hofes und fuhren ins Salzkammergut nach Bad Ischl und Umgebung. Und wieder waren es die Reichen und Schönen, die über Freizeit verfügten und dies vermochten. Dazu zählte man auch das *jüdische* Bürgertum, das meistens so jüdisch gar nicht war, weil es sich längst vom eigenen jüdisch-religiösen Korsett befreit hatte. Diese Weltbürger erkannten die Schönheit und Qualität der ländlichen Kultur, förderten Initiativen oder erkundeten gar selbst, was da auf dem Lande vor sich ging. Einer von ihnen, Conrad Mautner (1880–1924),[2] war der Sohn des Textilindustriellen Isidor Mautner (1852–1930). Konrad und sein Bruder waren Mitglieder des Verwaltungsrats im Unternehmen der *Oesterreichischen Textilwerke A.-G. vormals Isaac Mautner und Sohn*, einem der größten Textilunternehmen in der Monarchie. Präsident war Vater Isidor Mautner. Konrads Leidenschaft galt nicht den Büchern des Unternehmens. Er hegte große Liebe zur ländlichen Volkskultur der Ausseer-Gegend im Salzkammergut, entdeckte Lieder und Tänze der dort lebenden Steirer. Was mag das eine mit dem anderen, die Leidenschaft mit der Fabrik zu tun haben, mag man sich an dieser Stelle fragen. Abgesehen davon, dass das an Konrad ausbezahlte Kapital vermutlich seine Trachtensammlungen ermöglichte, erfahren wir durch die jährlich abgegebenen Berichte der Generalversammlung zur Bilanz des Unternehmens einiges Interessantes für die Modehistorie. Uns interessiert der Bericht der 6. Generalversammlung vom 15. Juni 1912, der das Berichtsjahr 1911 betrifft, da er Veränderungen zum modischen Geschmack der Einwohner berücksichtigt. Ohne viel Kapriolen zu schlagen, werden die buchhalterischen Schwierigkeiten der Branche generell mit gesellschaftlichen Veränderungen zusammengebracht. Es heißt im Bericht für das Geschäftsjahr 1911: *Der Umschwung der Moderichtung, der es mit sich brachte, daß der Konsum vielfach von buntgewebten Waren auf Druckwaren überging, hat das Geschäft unserer Buntweberei ungünstig beeinflußt.*[3] Der mechanisch serielle Stoffdruck, vor allem in England und Frankreich bekannt, mit dem sich günstiger produzieren ließ, war auf dem Vormarsch und zeitigte also auch bei Mautners Ergebnisse, vor allem finanzieller Natur. Vater Mautner leitete einen *Konzern, mit 42 Fabriken und etwa 23.000 Beschäftigten, 650.000 Spindeln und mehreren tausend Webstühlen,*[4] wie der österreichische Historiker

Roman Sandgruber ermittelte. Während die Söhne Konrad und Stephan zwar namentlich im Verwaltungsrat angeführt waren, schienen die beiden, vor allem Konrad, im Firmenkonglomerat mehr *dekorativen* Charakters gewesen zu sein, wie Sandgruber sinniert. Die Mautners waren eine wertkonservative Unternehmerfamilie, sie hatten generell Sinn für österreichische Kultur. Isidor Mautner und seine Frau förderten regelmäßig mit Geld das heute noch bestehende Österreichische Volkskundemuseum. Konrad gab sich noch zusätzlich seiner Neigung zur angewandten Volkskultur hin. Mit seinem *Steirisches Raspelwerk* (1910) lieferte er eine ausgezeichnete Sammlung von Vierzeilern und Gasselreimen rund um den Ort Gössl. *Der Herausgeber, ein Wiener Großindustrieller, zugleich eine freisinnige Künstlernatur, veröffentlicht darin die gesamte mündliche Ueberlieferung dieses weltabgeschiedenen Dorfes des steierischen Salzkammergutes,* hieß es in *Die Zeit* vom 17. Dezember 1910. Gar groß war das darin verteilte Lob für den Volkskulturliebhaber. Aus *hohen und höchsten Kreisen* wäre die aufwändig wie schön gestaltete Ausgabe bereits vor dem Verkauf vorweg subskribiert gewesen. Konrad Mautner stellte sich damit in eine Reihe jener Volksliedforscher, die sich im Auftrag Kronprinz Rudolfs 1904 dem Volkslied widmeten, und er folgte den Spuren Ferdinand Leopolds von Andrian-Werburg (1835–1914), dem Gründer der Anthropologischen Gesellschaft in Wien, denn auch dieser war, wie Mautner, Mitglied des Vereins für Volkskunde und Abonnent einer zu Verein und Museum gehörigen Fachzeitschrift. Beide wurden von Verein und Wissenschaft nie ausreichend gewürdigt, dies ist der Politisierung der Volkskultur und Trachtengeschichte geschuldet. Mautner war weniger *Großindustrieller* als vielmehr Sammler und Förderer der steirischen Volkskultur. Und so wenig er sich vermutlich selbst als *jüdischer* Volkskundler sah, so sehr war er in den Augen der gleichzeitig erstarkenden reaktionären Kamarilla auf seine jüdische Herkunft reduziert.

Dem Sommerfrischler gefiel, was er im Alltag zu sehen bekam, so sehr, dass er sich selbst auch in Tracht warf. Von Mautner gibt es eine Reihe von Bildern in Ausseer Kleidung, die Österreichische Nationalbibliothek verfügt aber auch über einige sehr schöne Fotografien zum Alltagsleben in Gössl, die ihm zugeschrieben werden. Mautners Hinwendung zu dieser ländlichen Kultur fand seinen Niederschlag in einer *Trachtenkammer*, einer Trachtensammlung, die er bereits damals für nostalgische Trachtenfeste zur Verfügung gestellt haben soll. Auch soll er eine reichhaltige Sammlung von Trachtenbildern zusammengetragen haben, wie uns der Mitherausgeber des Trachtenbuches, Viktor Geramb (1884–1958), überliefert. Mautner führte selbst Trachtenberatungen durch, was die deutschnational orientierten Trachtler nachahmten und mit besonderer Strenge vertraten. Geblieben ist davon das Steierische Trachtenbuch, dessen Herausgabe des 1. Bandes Mautner noch selbst erlebte. Mautner, seines Zeichens Sammler, Liebhaber, Forscher, Privatier, dessen gesamte Familie – auch die Mutter Jenny (1856–1938) – unterstützten beherzt das Volkskundemuseum, vor allem finanziell. Das Umfeld dankte es ihnen nicht.

Ihm widerfuhr, was auch andere als *jüdisch* geltende Gönner und Forscher erleiden mussten: Nichtbeachtung. Die Nazipaladine, die bis in die 1980er-Jahre hinein wissenschaftliche Rollen bekleideten und eine Reihe von Schülern hervorbrachten, ignorierten ihn, sein Name fiel kaum. Auf diese Weise ging Österreichs Trachtengeschichte einer vollständigen Erzählung verlustig. Die sich zu Zeiten Mautners ausbildenden antisemitischen Tendenzen fanden einmal mehr, ein andermal weniger verhohlen ihre Anwendung. Geramb deutete derlei in der Vorbemerkung zum Trachtenbuch an. Und Erforscher der Geschichte der Alpin- und Heimatschutzvereine, die sich des Themas Tracht annahmen, haben dies zweifelsfrei nachgewiesen. Das Salzkammergut, dessen Trachten – vor allem die Männertrachten – noch heute bis nach Wien hineinstrahlen, galt als höfisches und als bürgerliches Sommerfrischegebiet für den »natürlichen« Umgang mit Tracht. Durch seine geografische Nähe zu Wien, durch seine Rolle als früher Touristenort verdichtete sich diese Gegend als ein Ort, an dem sich die Verteidiger einer pro-deutschen und schonungslos antisemitischen Trachtenkultur abarbeiteten.

Die Trennung zwischen jüdischen Trachtlern und deutschösterreichischen Trachtlern nahm damals ihren Anfang, mit verheerenden Folgen. Dabei waren diese Menschen einfach nur Liebhaber österreichischer Traditionen, sie waren Patrioten und romantische Träumer.

Die Liebe, ein sonst so oft bemühtes großes Wort in diesem Zusammenhang, dieser freien Bürger zur Volkskultur wurde ordentlich abgestraft. Nachdem Österreich

Teil Nazideutschlands wurde, hier der Boden dazu bestens vorbereitet war, äußerte sich die Gefolgschaft ungeniert in den regionalen Blättern:

*Es war einmal – denn mit rauher Hand hat jetzt der Polizeipräsident von Salzburg dieses Idyll* [das Wandern, Flanieren, das Sommerfrischeln, Anm. E. W.] *zerstört. Es ist die Hoffnung aller, daß das Judendirndl- und Judenbuamverbot auf alle österreichischen Gaue ausgedehnt wird. Höchste Zeit ists! Soll unser Alpenland von geschniegelten Pseudodirndln überflutet werden? Ist man verpflichtet, dickbäuchige Silberfingers und Goldsteins, alpin verkleidet, lustwandeln zu sehen? Ist es nicht schmerzlich genug gewesen, daß eines der Paradiese unseres Landes im Laufe der Jahre derart verjudete, daß man nicht mehr von »Ischl« sprach, sondern nur noch von »Ischeles«?*[5]

In den Spottversen – im *Österreichischen Beobachter* vom August 1940 erschienen und unter der Rubrik *Einst und jetzt* mit einer Karikatur versehen – verdichtete sich der ganze Hass auf Juden in Tracht und Dirndl. So ergötzte man sich an der Demütigung von Juden und jener, die man als Juden ansah. Da hieß es:

*Einst fuhr der Kohn nach Ischeles, zu fischen Traunsee-Fischeles, Mit manchem andern Judengauner, Schloß er Geschäfte ab beim Zauner. Jetzt schaufelt er mit nassen Haaren, Die Straßen, die er einst gefahren; Von Stank, Geplärr und krummen Waden, sind Zauner frei und Esplanaden.*[6]

Österreichs Volkskultur, insbesondere die Trachtenforschung, verdankt diesen vieles, denn ohne deren Zuwendungen und deren Aufmerksamkeit wäre so manches nicht zustande gekommen. Im Falle Mautners führte seine Hinwendung zur Volkskultur und zum Landleben dazu, sich am Grundlsee anzusiedeln und von dort aus das Landleben zu erkunden. Im Nachruf des Jahres 1924 durch den Direktor des Museums für Volkskunde in Wien, Michael Haberlandt, wird er als *einer der intimsten Kenner* steiermärkischer Volkskunde gepriesen.[7] Mautners Leistung zur Trachtenforschung kann daher nicht genug gewürdigt werden. Er war ein guter Beobachter, der vorurteilsfrei auch auf Details schaute. In *Über die Ausseer Tracht* schreibt er über den Wandel der Tracht, die *im Ausseer Landl* [...] *noch vor ungefähr fünfzig Jahren von der heutigen wesentlich verschieden* sei.

*Die Annahme, daß die kurze, das Knie freilassende Lederhose etwas Althergebrachtes in dieser Gebirgsgegend sei,* [...] *stimmt für die Ausseer Gegend nicht. Die gams- oder hirschlederne Kniehose wurde bis in die Sechzigerjahre über das Knie herabreichend getragen. In den Fünfzigerjahren tritt nebenher die noch heute übliche kniefreie Form auf.*

Mautner liefert gut beobachtete Analysen anhand von Bildern und Fotografien zur Lederhose. Die Anzahl der Nähte wie die Art und Farben der Wadenstrümpfe, ohne *Vorfuß*, wie er ausdrücklich anmerkt, finden Erwähnung. *Man unterscheidet fünfnahtige, siebennahtige und neun-*

*nahtige Hosen. Die letzteren sind sogar an der Rückseite ausgenäht und kommen selten vor. Am gebräuchlichsten sind die siebennahtigen.* Auf ihn zu hören macht Sinn, denn wir erfahren, dass es eine Ur-Hose nie gab, sich eine solche nicht nachweisen lässt. Das Diktat, das die antisemitischen Forscher später ausriefen und dessen Bedingungslosigkeit noch heute rauf- und runterdekliniert wird, ist daher einmal mehr falsch. *Halbschuhe, wie in Tirol und Bayern, waren bei den Männern wohl kaum jemals gangbar,* so Mautner, er schlussfolgert, indem er schreibt *[d]aher waren die Strümpfe auch nicht mit einem Vorfuß versehen, sondern eigentlich Stutzen mit einem Stegreif.* Und um das abzuschließen, fügt er hinzu: *[m]an trug und trägt noch heute schwer genagelte Bundschuhe in der Höhe der heutigen städtischen Schnürschuhe,* während auf älteren Abbildungen *Stauböhrlen, bis zum halben Waden reichende Schnürschuhe,* die Regel gewesen wären.[8]

Mautners Studie zur Ausseer Tracht ist moderner als alle nachfolgenden Aufsätze und Büchlein, sie dient nicht der Aufrichtung eines überladenen Mythos, der annahm, in der Tracht verdichte sich das Wesen der Deutschen Rasse zu außergewöhnlicher ästhetischer Größe. Dazu war Mautner zu sehr Kosmopolit, zu frei von nationalistischen oder gar rassistischen Tendenzen, zu analytisch im Denken. Sein Augenmerk lag auf den Erscheinungsweisen von Kultur unter Berücksichtigung ihres Wandels. Deswegen kommt er ohne die redundante Rede von Volk und Identität oder nebulöse Adjektive aus.

Wir wissen von den Geschäftsberichten der *Oesterreichische Textilwerke A.-G.*, dass im Jahr 1911 der Baumwolldruck auf dem Vormarsch war. Baumwollzeug hatte zu diesem Zeitpunkt bereits das bis dahin umständlich zu produzierende und verarbeitende Leinen abgelöst, dazu hatte die moderne Textilindustrie bereits weitgehend ihren Arm nach den Kleiderschränken der Frauen auf dem Land ausgestreckt. Hören wir wiederum auf Mautner: *Die heutigen Hemden sind entweder aus feinem Kammertuch (so nennt man das gebleichte Baumwollzeug [Chiffon]) oder aus gröberem »Grazer Muschelin« (so heißt ungebleichtes Baumwollzeug) verfertigt. Leinwand ist zu teuer und wird selten mehr verwendet.*[9]

Einmal mehr zeigt sich seine Beobachtungsgabe. Es verdeutlicht den Einzug von Neuerungen im Leben der Menschen, die sich eben auch in der Kleidung niederschlugen. Zum Zeitpunkt, als Mautner sammelte und forschte, war Tracht augenfällige Bekleidung der ländlichen Leute, aber noch nicht das wesenstypische Gewand im Dienst einer programmatisch-rassistischen Identitätspolitik. Zweifellos lassen sich Mautners Beobachtungen als seriöse Trachtenforschung befunden und gestellte Frage wie folgt beantworten: Ja, Konrad Mautner war Österreichs erster seriöser Trachtenforscher, und ja, in den Augen der Antisemiten war er vor allem ein *jüdischer* Trachtenforscher. Doch Mautner war auch durch und durch ein Österreicher, der einem gewissen Wertkonservativismus verbunden war, dessen Studien stilkundlich mehr Resonanz verdient hätten.

Stigmatisiert als *jüdischer* Forscher erging es ihm wie allen anderen als *jüdisch* bezeichneten Förderern österreichischer Volkskultur. Ihnen wurde nach 1945 kaum

Beachtung geschenkt, ihre Leistungen und Analysen blieben ausgeblendet. Erfolgte doch mal vereinzelt ein Blick auf einen von ihnen, dann bilden diese nur Schlaglichter und selbst diese sind nicht ausreichend erforscht. Meistens am Rande erwähnt und wenn doch mal etwas ausführlicher behandelt, wurde dies extra muros, also außerhalb der institutionalisierten Deutungstempel wie Museen und Universitäten, angestoßen.

Eine oberösterreichische Trachten-Unternehmerin, selbst studierte Volkskundlerin, die ganz selbstverständlich auf Entwürfe von G. Pesendorfer aus der Nazizeit zurückgreift, ersann im Jahr 2012 zunächst für die Textilbranche Österreichs einen Preis, den nunmehr ihr Unternehmen an *verdiente* Trachtenträger verleiht. Jeweils ein Pärchen, männlich und weiblich, wird als *Botschafter der Tracht* ausgezeichnet. Der an die Männer vergebene Titel lautet Konrad-Mautner-Preis, in Anlehnung an den Trachtenforscher, denn Mautners Forschungsgebiet deckt sich mit dem Herkunfts- und Einzugsgebiet des Unternehmens. Der Preis an die Frauen ist nach Emilie Flöge (1874–1952) benannt, einer freigeistigen Trachtensammlerin und Liebhaberin von Volkskunst, Salonière und Muse Gustav Klimts. Vergeben wird der Preis beim Niederösterreichischen Trachtenball, einer volkstumspolitischen Veranstaltung rund um den/die Landeshauptmann/-frau. Preisträger kamen bisher aus dem schwarzen oder grünkonservativ politischen Umfeld. Die einzige Ausnahme bildete die Punk-Lady Vivienne Westwood und ihr Tiroler Partner und Geschäftspartner, Andreas Kronthaler.

Kronthaler zitiert ab und an kleine Stilelemente aus Österreichs Alltags-/Volkskultur. So geschehen in Paris für die Saison 2020 (Vogue nr° 29), wo eines seiner Models im rosa Kleid zu schwarzen Strümpfen in *Doggln* daherkam. Der *Botschafter der Tracht*, Andreas Kronthaler, wird seinem Preis, eine Holzfigurine im Stil naiver Kunst, auch Volkskunst genannt, gerecht. Doggln sind ursprünglich aus Stoff- und Filzresten selbstgemachte Hausschuhe. Selbst der emeritierte Papst Benedikt soll Tiroler Doggln tragen. Zwei junge Pinzgauerinnen – man trug Doggln vom tirolischen Unterinntal, Osttirol bis in die Gegend um Zell am See – produzieren inzwischen Doggln, die man aushäusig zum Dirndl tragen kann, ganz so wie in Paris auf dem Laufsteg geschehen.

# BAYERNS SCHÜTZENLIESEL UND BAYERNS JUDEN

Bayerns Trachten- und Dirndlgeschichte erzählt sich politisch ähnlich jener Österreichs. Bei der Dirndlgeschichte jedoch ging sie einen etwas anderen Weg. Während die Trachtengeschichte auch dort ihren Erhalt dem Tourismus verdankt – dies befand schon eine von Deutschlands ersten Trachterforscherinnen, Rose Julien, 1912 –, ist die Popularisierung des Dirndls einem Künstler zuzuschreiben. Friedrich August von Kaulbach (1850–1920) studierte Malerei in München. Anerkennung wurde ihm vor allem durch seine Porträts zuteil, die Auftragsarbeiten zahlungskräftiger Kunden waren. Kaulbach verband mit vielen anderen Künstlern der damaligen Zeit, dass er ein Stadtleben als auch ein Landleben führte, zwischen ländlicher Langsamkeit und urbanem Tempo, zwischen katholisch-ländlichem Korsett und städtischer Freiheit hin- und herwechselte. In München besuchte der Maler wie üblich für die Männer der damaligen Zeit ein Braugasthaus. In diesem kellnerte eine junge Frau. Sie diente ihm als Vorlage für ein Wirtshausschild, das anlässlich des 7. deutschen Bundesschießens 1881 in München gemalt wurde. Das Motiv erregte großes Aufsehen, weil es bisherige Konventionen der Darstellung von Frauen in Tracht geradezu sprengte. So trug die Kellnerin ihr Dekolleté recht frei, ihr Mieder war taillenbetont sexy verschnürt, auf dem Kopf trug sie nichts als eine leicht schräg aufgesetzte Schützenscheibe. Sie jonglierte auf nur einem Fuß stehend auf einem rollenden Fass, während das andere Bein dynamisch frech in die Luft gestreckt war. Selbst im entfernten Wien berichtete man in der *Neuen Freien Presse* am 12. Oktober 1881 über diese Attraktion beim Bundesschießen:

> *Das Originalbild der berühmt gewordenen »Schützenliesl«, sowie die drei anderen Wirthshausschilder des Festplatzes* [...] *hat das Central-Comité der hiesigen Schützengesellschaft zur decorativen Schmückung des großen Saales im Schießstandgebäude »zur steten Erinnerung an das siebente deutsche Bundesschießen« überlassen* [...] [und] *die Gesellschaft* [hat] *die Verpflichtung übernommen, die Bilder niemals zu veräußern.*[1]

Die Trennung wie auch die Verbindung zwischen Dirndl und Tracht war bis dahin noch nie derart deutlich zutage getreten.

Um nach den damaligen Kriterien trachtig genannt zu werden, war sie unumstößlich zu freizügig, zu sexy »gekleidet«. Selbst als modisches Sommerfrischedirndl war es für das damalige Verständnis zu erotisch, insge-

Es waren vor allem Künstler, die den Eros
ins Dirndl brachten.

samt zu wenig schlicht und brav. Doch gerade deswegen lockte dieses Bild – im Grunde ein gar männliches Werbesujet für Bier und Schießen – die Besucher, in der Mehrzahl Männer, an und sorgte für viel Gesprächsstoff. Der Maler schuf ein Vierteljahrhundert später noch mal eine Schützenliesel, die realistischer, im Sinne eines klassischen Porträts gestaltet war und das erneut an der Kellnerin Coletta Möritz Maß nahm. Es erregte kaum Aufsehen, da diese Schützenliesel eine *gealterte Schöne nicht häßlich gemacht* [...] *wohl gab er dem Gesicht Runzeln und nahm ihm die Grazie der Grübchen in den Wangen, aber er ließ der gealterten Schenkmaid das humorvolle Lächeln, das allerdings durch Alkoholgenuß beeinträchtigt scheint. Schützenliesel hat die vollen Formen verloren, das Haar hat sich gelichtet und ist ergraut, die Zöpfe fliegen nicht mehr neckisch im Wind, sondern stehen steif und starr vom Kopf ab*, war, wie das *Weltneuigkeitsblatt* vom Juli 1906 schloss.[2]

Von der Kaulbachschen Schützenliesel kann man befunden, dass auch sie so gut wie kaum Eingang in die Trachtenforschung fand. Der Hype, den die flotte Liesel des Jahres 1881 auslöste, war a Gaudi, a Hetz, a bierselige Geschichte, die wohl ob des Mangels an Ernsthaftigkeit von der Trachtenerzählung ausgeblendet wurde. Von Seiten des Künstlers war ohnehin nie vorgesehen, damit einer potenziellen Stilkunde von Tracht zu dienen. Die mit der ersten Schützenliesel einhergehende Erotisierung bewegte sich am Rande des moralisch Unanständigen, dabei sollte der mit ihr assoziierte Eros nicht der letzte in der Trachten- und Dirndlgeschichte bleiben.

Kaulbachs Schützenliesel führte zu einer Popularisierung des dirndlgerüsteten Biermadls und des Dirndls. Es war ein aus dem Rheinland nach München zugezogenes Brüderpaar namens Wallach, das die modisch inspirierte Kommerzialisierung des Dirndls als Geschäft vorantrieb.

Das jüdische Museum München zeigte im Jahr 2007 eine Ausstellung zu den Brüdern Wallach und würdigte, was bis dahin unbeachtet blieb. Der zur Ausstellung verfasste, exzellente Katalog von Monika Ständecke bezeugt auch für Bayern den wichtigen Beitrag jener Weltbürger, die in der antisemitischen Logik der Nationalsozialisten verteufelt und in Sippenhaft genommen wurden, und die sich bloß der Entdeckung von binnenexotischer Kleiderkultur verschrieben hatten. So sind die Brüder Julius (1874–1965) und Moritz Wallach (1879–1964) unverzichtbarer Teil der Trachten- und Dirndlgeschichte Deutschlands. Julius eröffnete am 9. November 1900 in München ein *Fachgeschäft für Landestrachten*, das recht bald ins Münchner Zentrum siedelte. Dort traf sich mit den Jahren alles, was gern gesellschaftlich repräsentierte und alles, was aus Adel und Bildungsbürgertum ein Faible für Sommerkostümierung à la folk-art hatte. Die Wallachs bedienten ein modisches Verlangen, das auch in ihnen selbst schlummerte. Der Sommerfrische-Chic der Wallach-Brüder erfasste alle jene, die aufgrund ihres sozialen Status zu Freizeit gekommen waren. Gekrönt wurde das Engagement der beiden Geschäftsmänner mit der Ernennung von Julius Wallach zum *Königlichen Hoflieferanten*. Wallachs taten, was kosmopolitische Menschen so tun. Sie schauen sich nach allen Himmelsrichtungen hin um, auch in Richtung Kunst. Als Mitglied des Münchner und Wiener Werkbundes verfügte einer der Brüder über exzellente Kontakte zu kreativen Kräften auf dem Sektor Kunst-Handwerk. Die Brüder ließen Stoffe und Webstoffe in eigener Produktion färben und weben. Dies trug dazu bei, einen typisch wallachschen Stil auszubilden. Was sie in ihren Betrieben nicht selbst herstellten, holten sie sich von benachbarten Fabrikanten. Bedruckte Stoffe orderten sie bei einem Kleinunternehmen im bayrischen Wald. Noch Anfang der 1920er-Jahre unterhielten sie Warenlager von München, Hamburg über Wien, Breslau bis nach Nordamerika, so Ständecke. Dieser Umstand beweist einmal mehr, dass die Stoffe der Wallachs stil- und geschmacksbildend waren. Ihr Einfluss auf die Mode, speziell die Sommermode, half, den Saisonchic über die bayrischen Landesgrenzen hinaus bekannt zu machen. Als Ausstatter zahlreicher Operetten erreichte dieser Stil nahezu jede größere Stadt, die über ein Theater verfügte. Das Ende der Wallachs war, wie für alle in der Logik der Nationalsozialisten als Juden geltende Geschäftsleute in Deutschland und Österreich, mit spätestens November 1938 eingeleitet. Durch Gefahr an Leib und Leben und unter Abpressung ihrer Vermögenswerte waren die bayrischen Dirndlmacher gezwungen, München und Deutschland zu verlassen. Nach 1945 gelang es einem Teil der Familie, ihr Vermögen zurückzuerlangen, erst Mitte der 1980er-Jahre verkaufte die Erbengemeinschaft das Unternehmen an die Firma Loden Frey.

So gilt, was für Österreichs Kostümgeschichte zu unterstreichen ist: Es waren Weltbürger mit ihrer kosmopolitischen Art, die mit Sinn für den Charme von ländlicher Kultur diese erst gesellschaftsfähig machten. Als Juden diskriminiert und herabgewürdigt, sollten sie als maßgebender Teil der Kostümgeschichte von Tracht und Dirndl akzeptiert werden.

Bayerns Trachten- und Dirndlgeschichte unterscheiden sich in ihrer Genese nicht sehr voneinander, da wie dort waren Dirndln ein Ergebnis modischen Strebens – sie schienen die Tracht in ihrer Behäbigkeit zu verdrängen. Da wie dort galt das Dirndl als Vertreter der Moderne und die Tracht als sterbender Patient, der unter Zuhilfenahme von Gesinnungspolitik in den Vereinen gesundgepflegt werden wollte. Das nur zu gern als *alpines* Stück bezeichnete Gewand des Dirndls stand in einer Reihe allgemeiner jahreszeitlicher, verlässlich wiederkehrender Modemodelle. Die Tracht hatte in den erfundenen saisonalen Trachtenumzügen ihre Auftritte. Die Zeitschriften unterbreiteten regelmäßig im Juni und Juli die neuesten Dirndlkreationen. In der Zwischenkriegszeit galt ein Dirndl während eines Landaufenthaltes zu tragen wie ein Naturgesetz. *Die Etikette zahlloser Sommerfrischen schreibt das Dirndlkleid als das alleinmögliche Kleidungsstück für den größten Teil des Tages vor*, meinte ein Autor der *Bühne* des Jahres 1926.[3]

In beiden Fällen, Bayern und Österreich, waren es gut situierte Citoyens, die kräftig mithalfen, ländliche Volkskultur nicht nur als altmodisches, rückständiges Gebilde erscheinen zu lassen, sondern dessen Charme gesellschaftlich zu etablieren. Will man diese Trachtensammler und -liebhaber auf das »jüdisch sein« reduzieren, ändert dies jedoch nichts am Umstand, dass es generell Kosmopoliten waren, die mit der Schönheit des Lebens im Lichte der Freiheit spielten. Im Falle Österreichs käme noch hinzu zu ergänzen, dass ohne die Unterstützung dieser Bewunderer österreichischer Volkskultur das eine oder andere Museum in seiner Ausstattung (finanziell und sammlerisch) um einiges ärmer wäre oder vielleicht gar nicht erst entstanden wäre.

# INTERMEZZO I: TRENNUNG VON TRACHT & DIRNDL

## Künstlerinnen werfen sich ins Dirndl

Der Zusammenhang zwischen Dirndl, Sommermode, Kosmopoliten und freisinnigen Schöngeistern ist zweifelsfrei erwiesen. Das sommerfrischelnde (jüdische) Bürgertum, das bis 1916 dem Kaiser nach Bad Ischl folgte oder auf den vor den Toren Wiens gelegenen Semmering reiste, wirkte stilbildend. Das Thema Sommerfrische war ihnen so wichtig, dass die *Wiener Morgenzeitung* im Mai 1923, wenn es darum ging, den kommenden Sommer zu planen, eine dreiteilige Serie nur zum Thema *Oesterreichische Sommerfrischen* brachte. Der Redaktion war bei der der Serie vorausgestellten Recherche daran gelegen, Sommerfrischeorte speziell für das »jüdische« Bürgertum ausfindig zu machen, derart verbreitet war der Antisemitismus bereits. Die Judenfeindlichkeit, das *Hakenkreuztum*, wie die Morgenzeitung schrieb, hatte sich je nach Region konturierter oder weniger vernehmbar *breit gemacht*. Nur für den Norden Italiens befundete dieselbe Zeitung ausdrücklich: *Wobei noch zu bemerken wäre, daß Italien das Land ohne Antisemitismus ist, daß man also allen Schikanen, offenen und versteckten Feindseligkeiten, denen man von Seiten österreichischer Gebirgler ausgesetzt ist, ausweicht.*[1]

Die Dirndl-tragenden Sommerfrischler, die das leichte Baumwollkleid modern machten, die maßgeblich dazu beitrugen, es zur *Dirndlmode* werden zu lassen, nahmen dabei weniger Anleihe bei der schweren, unförmigen Tracht der älplerischen Bewohner, als vielmehr bei der Arbeitskleidung. Diese Werktagskleidung der Dirnen und Mägde war schlicht in Schnitt und Form, einfach eben, für Draperien war kein Platz. Leichte bedruckte Baumwollstoffe mit lieblichen Blumenmustern eigneten sich hervorragend, um die sommerliche Stimmung damit auszudrücken, stilistisch nahmen sie Anleihe bei der Silhouette der Landarbeiterinnen. Nicht nur die auf Sommerurlaub weilenden städtischen Gäste fanden Geschmack an der ländlichen Einfachheit, auch die in und um Wien praktizierte Landpartie der Städter erfolgte gerne in *Dirndlmode*, wie sie auch genannt wurde. Von daher kam es, dass man das *Dirndlkleid* als ein *ursprünglich für die Städterin* [...] *für die Sommerfrische* gemachtes Kleid, wie die *Grazer Mittags-Zeitung* im Juli 1921 schrieb, ansah.[2] Dirndl zu tragen etablierte sich derart, dass es nach dem Krieg als städtisch-modische Tatsache angesehen war, wenngleich auch nicht von jedem/r widerspruchsfrei akzeptiert. Denn da gab es zwei Lager, die sich des Themas annahmen. Jene, die am Ausgang des 19. Jahrhunderts Vereine gründeten und sich der sterbenden Tracht und Volkskultur als deutschnationale Angelegenheit annahmen, und jene liberalen Kräfte, die sich in einem demokratisch aufklärerischen und sozialreformerischen Sinne generell kulturellen Belangen und der Verbesserung des sozialen Lebens zuwandten. Die Gleichzeitigkeit der vereinsmäßig organisierten rassistischen Trachten- und Dirndlträger und die der modisch interessierten Sommerfrischler, die Dirndln als Freizeitkleidung nutzten, geriet zunehmend ins Wanken. Da vermochten auch die liberalen, schöngeistigen Sozialreformer, die im Sinne des englischen *Arts And Crafts Movement* oder der sozial orientierten *Fabian Society* eine Rückbesinnung auf die tradierten Qualitäten handwerklicher Produkte forderten, nicht mehr viel auszurichten. Die immer schneller aufkeimende deutschnationale wie reaktionäre Bewegung forcierte in immer flotter werdendem Tempo Dirndl und Tracht als idealtypisches Zeichen deutscher Gesinnung. Sie verlegte sich dabei zusehends auf eine Debatte um Echtheit und Unechtheit, verknüpfte ihre Vorstellung vom Wesen der deutschen Rasse im Kleidungsstück und brachte dabei auf Schiene, was bis heute in den Köpfen zum Thema herumgeistert. Aus dieser Zeit stammt die bis auf den Tag wirksame ideologische Besetzung von Tracht. Das Diktat, Modisches sei generell der Gegenpart zur Tradition, begann somit um sich zu greifen, begleitet vom Dogma, es stünde nur originär deutschen Frauen. Diese Erzähltradition nährte nachhaltig die Geister in Vereinsverbänden und die der Trachtenenthusiasmierten. So, als hätten wir es hier mit einem Naturgesetz zu tun.

Wie kam es denn nun überhaupt zur Trennung von Tracht und Dirndl, was war früher und warum? Im letzten Drittel des 19. Jahrhunderts nahmen die Klagen über den Untergang der Tracht zu. Dies hatte sowohl mit der Landflucht zu tun als auch mit den sich verändernden Rohstoffen und dem sich verändernden Arbeitsalltag. Leinen und Wolle wurden von der Baumwolle verdrängt, fertige Produkte wie Blusen, Hemden, Hosen eroberten auch die Läden auf dem Land – dies alles blieb nicht ohne Einfluss auf das Erscheinungsbild der Menschen. Ab 1895 tauchten erste Dirndlvorschläge in den Modezeitschriften auf, recht rasant folgten alljährlich zur Frühlingszeit, spätestens im Juni, Modeempfehlungen für die Sommergarderobe. Wissenschaftliche Beiträge zur Tracht begannen ungefähr zur gleichen Zeit, 1896 zu den deutschen Volkstrachten, oder zur Tracht der Tschitschen. Zwei Jahre später äußerte sich Adolf Loos kultur- und sozialkritisch zum Tragen von Tracht. Nach dem 1. Weltkrieg hatte sich das Dirndl als saisonale Sommerfrischekleidung bereits etabliert. Die dahinsiechende Tracht hingegen fiel endgültig den Pflegern, Geschichtsromantikern und Ideologen in die Hände. Die Erfindung des Dirndls korrespondiert mit der Erfindung (städtischer) Sommermode, speziell der Ausbildung einer Wiener und Münchner Mode, die unter dem Einfluss von Künstlern stand.

Es gäbe einen guten Grund, der *Dirndlmode* zu folgen, sie sei schon aus Gründen der *Bequemlichkeit* zu empfehlen, schrieb ein Wiener Journal im Juni 1919.[3] Wien war vor und während des Krieges Weltstadt, Künstler- und Wissenschaftsstadt, verfügte über ein enormes Potenzial an Zulieferern von Waren, speziell Textilwaren, aus den Kronländern. Die 1903 gegründete Wiener Werkstätte-Produktiv-Genossenschaft (von Kolo Moser, Josef Hoffmann und Fritz Waerndorfer) suchte ihresgleichen. Rund um dieses Milieu und das 1863 gegründete Österreichische Museum für Kunst und Gewerbe gediehen Mode, Kunst und Architektur prächtig. Es tummelte sich dort eine Reihe kunstsinniger Frauen, die zum Stift griffen, um Mode zu kreieren. Diese war gar nicht selten von den ländlichen Dirndln, den Mädchen, denen sie während ihrer Sommerfrische begegneten, und deren schlichter Kleidung beeinflusst. Sieht man sich die Entwürfe von Hilda Jesser (1894–1985), Mathilde Flögl (1893–1958), Grete von Noë (1894–?), Reni Schaschl (1895–1979), Anny Schröder Ehrenfest (1898–1972) an, ist zweifelsfrei das Wechselspiel zwischen trachtigen Elementen und künstlerisch-modischem Stil zu erkennen. Das steht in Verbindung mit der Reformkleiderdiskussion und allgemein geführten sozialreformerischen Tendenzen, die das einfache, schlichte, naturverbundene Leben in den Fokus rückte, alt und neu auf ausgewogene Weise und in wechselseitigem Austausch zu nutzen beabsichtigte. Die voranschreitende Urbanisierung, die Chancen, die sich für Frauen mit der Demokratisierung auftaten, ermöglichten eine Freiheit, die bis dahin dem Adel vorbehalten war: über Freizeit zu verfügen, um in Sommerfrische fahren zu können, sich zu putzen und schön zu machen, parlieren und diskutieren zu können. Das Landleben mit seinem binnenexotischen Charme hatte, wir erinnern uns an die Kritik von Loos im Jahr 1898, für die Städter längst an Reiz gewonnen; es diente der künstlerischen Inspiration und der Kulisse zur Verschönerung des eigenen Lebens. Das Spiel mit der Moderne hatte begonnen, Reisen ins Salzkammergut und *Semmering-partien* waren fixer Bestandteil des Lebens moderner, bildungshungriger Städter. Ja, man trieb mit den eigenartigen Kleidergewohnheiten der Landmenschen gar seine Neckereien, indem man sie formvollendet nachahmte, sich damit verkleidete und kokett darin abbilden ließ. Wer dies vermochte, holte sich Anregungen auf dem Lande und verband sie mit städtischen Freiheiten, die fernab von kirchlich gesteuerter Sozialkontrolle möglich waren. Dazu traf man sich in den Salons, tauschte sich aus und ersann so allerlei kunstsinnige Ideen. Keine Geringere als die Fotografin Madame D'Ora (Dora Kallmus) inszenierte Tänzerinnen, Schauspielerinnen, Sängerinnen in trachtiger Kostümierung in ihrem Atelier. Die Tänzerin Niddy (Luise) Impekoven (1904–2002), die Altistin Ottilie Metzger (1878–1943 Auschwitz) und Schauspielerin Dora Marie Kaiser (1892–unb.) posierten keck in Tracht im bereits damals luziden Fotoatelier. Dies alles während der Zeit des 1. Weltkrieges, am Ausgang der als fin de siècle bezeichneten Epoche. Dieses Gesellschaftsspiel existierte eine Weile recht problemlos. Doch nach und nach, mehr und mehr nahmen die beharrenden Kräfte in Vereinen und Verbänden dagegen Stellung. Insbesondere die Trachtenerhaltungsvereine, von Männern aus dem antisemitisch deutsch-betonten Lager betrieben, lancierten mit einem historisierenden Impetus die Legende von der charakterlichen und mentalen Qualität, die in dem behäbigen Stück Stoff stecken sollte.

Berühmte Schauspielerinnen
zogen sich Tracht an und ließen sich von Künstlerinnen
im Fotostudio zum Spaß ablichten.

Sie verschränkten »deutsch sein« und »Tracht tragen« zu einer charakterlichen, historisch-deutschen Tugend. Daher war ihnen das gerade eben aufgekommene Dirndl wegen seiner lockeren Art der Nutzung durch freigeistige Intellektuelle und Städter ein Dorn im Auge. Alles Gründe, weshalb die frühen wissenschaftlichen Aufsätze zum Thema sich nie dem Phänomen Dirndl widmeten, sondern stets ein Auge auf die kaum mehr getragene, ländlich-agrarische Bauernkluft, die Tracht, warfen.

Unmittelbar nach dem 1. Weltkrieg – die Versailler Verträge waren kaum zu Ende verhandelt, die Unterschriften noch nicht getrocknet – war das Dirndl vor allem im Stadtleben bereits eine feste jahreszeitliche Größe. Das *Neue Wiener Journal* schrieb im Juni 1919 dazu:

*Das Dirndlkleid ist selbst im Straßenbild der Stadt keine Seltenheit mehr. Immer mehr Anhänger findet diese angenehme sympathische Tracht während der Sommermonate, es haben sich mehrere Typen herausgebildet, die verschiedenen Jahrgängen angepaßt sind. Alles theatralische und kostümgemäße, ja selbst Trachtenechte ist daraus geschwunden, ein eigenes Dirndlkleid der Städterin ist entstanden, das sogar der Mode bescheidenen Spielraum gibt, sich zu entfalten. Die Bewunderer derber Bauernoriginalität, die sich des Spottes über die auffrisierte Städterin mit hochhakigen Lackstiefelchen im Dirndlkostüm nicht genug tun konnten, werden zwar über die gänzliche Abkehr von allem Beiwerk unter alleiniger Beibehaltung der Grundform erst recht entsetzt sein, aber die Städterinnen haben ungeach-*

*tet aller grüblerischen und kopfschüttelnden Gelehrten der Trachtenkunde ein Modell geschaffen, das zwei nahezu unvereinbare Eigenschaften zeigt, indem es zugleich schön und praktisch ist, und dieses Modell ist nicht einmal mehr durch Spott aus der Welt zu schaffen.*[4]

Hier angesprochener Spott kam von Seiten der vereinsmäßig organisierten Traditionsillusionisten, den Heimatforschern, und galt allen libertären Menschen, die sich nichts wünschten als Frieden, Gleichheit und vor allem Freiheit.

Die Traditionalisten hingegen verbissen sich im Thema, trauerten einem von ihnen selbst kreierten Mythos nach, verbreiteten die Legende von der *uralten Tracht der Ahnen*. Dies taten sie mit wachsendem Eifer. Enden sollte das Ganze in einem beinahe religiös betriebenen Feldzug gegen jüdische und städtische Dirndlträgerinnen. Die Frauen aus dem Lager der männerbündisch betriebenen Verbände machten sich zu Anwältinnen der Tracht. Das im Grunde antimoderne Kostüm brachten sie gegen das Dirndl in Stellung und bereiteten so den Boden für ihre spätere Karriere im Nazigetriebe. Ihr Zorn gegen *konjunktursüchtige Erzeugnisse,* so eine Nazi-Funktionärin aus Salzburg mit Bezug auf das Dirndl, sollte sich noch zu einer Schuld auswachsen. Einer Schuld, über die wir Frauen nicht sprechen, und einer Hypothek, die wir nur zu gerne ausblenden, würde sie doch unsere Mittäterschaft am antisemitischideologischen System offenlegen.

Vom Dirndl lässt sich sagen, dass es tatsächlich ein modisches Produkt war und ist. Es ist Teil der Geschichte des Freizeitverhaltens von Menschen, es entsprang einem modebestrebten, freien, selbstbewussten Bürgertum. *Eine Mode, die nicht in Paris erfunden worden ist,*[5] wie in einer Zeitschrift zur Friseurkunst noch 1938 zu lesen ist – kam doch bis dahin das, was als Mode firmierte, aus Paris.

Die Entwicklung des Dirndls ist tatsächlich der Geburt der Moderne geschuldet, und Moderne meint den Übergang vom agrarischen zum industriellen Zeitalter, es ist somit auch Ergebnis der Befreiung des Individuums. Ohne seriell hergestellten Baumwolldruck und die Erfindung der Nähmaschine würden wir noch immer dicke Wollstrümpfe und groben Leinen tragen, uns die Finger blutig stechen und jahrein, jahraus das gleiche unförmige Zeug tragen – noch immer selektieren, wer es tragen darf und wer nicht.

Die »Evolution« der Tracht gipfelt den Regeln der Entwicklung folgend im leichten Baumwolldirndl, das wiederum ohne sommerfrischende landaffine Urlauber nicht zu denken ist. Bevor der große Umbruch erfolgen sollte, Dirndl gegen Tracht auszuspielen, war es also Mode. Ganz einfach Mode, die jeweils zur Sommersaison zum Einsatz kam.

# POLITIK & INTERNATIONALER CHIC

Die Internationalisierung von Österreichs Trachten- und Dirndlkultur ist ohne die Erfindung der Salzburger Festspiele nicht vollständig erzählt. Dort tummelte sich im Sommer alles, was als mondän galt. *Viele von ihnen wollen, was die Tracht anlangt, die Einheimischen übertrumpfen und kommen voll kindlichen Stolzes als Pinzgauer Bauern daher, oder als Lungauer Bäuerinnen; tragen Kropfketten, ohne einen Kropf zu besitzen; haben englisch gerollte Regenschirme über dem Arm oder fahren gar, vom Trachtengeschäft Lanz herrlich ausstaffiert, in Automobilen mit mindestens zwei Chauffeuren! Es stört nicht, es belustigt höchstens. In Salzburg dürfen ja auch die Zuschauer Theater spielen,* lässt ein Literat seinen die Festspiele besuchenden Protagonisten im Jahr 1937 ins Tagebuch eintragen.[1] Wie uns die Modemagazine der Zeit gelehrt haben, war das Dirndl ein längst lieb gewonnener modischer Saisonartikel, war es selbstverständlicher Teil der alljährlich wechselnden Frauengarderobe.

## Kropfbandl

Das Kropfbandl oder die Kropfkette sind wie die Uhren bei den Männern rein dekorative Elemente zu Tracht oder Dirndl. Die mitunter in Silber und mit Halbedelsteinen (Granaten) bestückten Silberschmiedearbeiten verdanken ihre Bezeichnung vermutlich einem Spöttermaul. Da die Ketten eng am Hals anliegen, macht solche zu tragen nur bei freiem Blick auf Hals und Dekolleté Sinn. Bis zur Anreicherung von Speisesalz mit Jod im 19. Jahrhundert gab es häufig kropfige Gestalten. Grund war Jodmangel. Besonders die Steiermark war für ihre kropfeten Leute bekannt. Es ist wohl kaum anzunehmen, dass man den hervorstehenden, gut sichtbaren Kropf mittels einer teuren Kropfkette noch betonte, anstatt ihn hinter Tüchern zu verstecken. So ist die Kropfkette zur Tracht ziemlich sicher ein Ergebnis des 19. Jahrhunderts, das im städtischen Umfeld eingeführt wurde. Kropfketten trugen Frauen in Oberbayerns und Salzburgs wohlhabenderen Gegenden. In Erichs Kästners *Der kleine Grenzverkehr* beschreibt er, wie sich die Besucher der Salzburger Festspiele als Bauern verkleiden, und *Kropfketten tragen, ohne einen Kropf zu besitzen.* ◀

Regelmäßig kam es im Frühsommer zu Vorschlägen von Dirndlmode in Mode- oder Hausfrauenzeitschriften und in den Tageszeitungen. Beispielsweise erschien an einem Freitag, den 17. Juni 1932, ein Artikel, der den im Hintergrund schwebenden rassistischen Kulturkampf des guten Stückes noch kaum ahnen lässt, der jedoch ganz gut die Entwicklung desselbigen festhält. Frau oder Fräulein Else Ehrlich schreibt in einem Artikel des *Volksbote. Sozialdemokratische Wochenzeitung für den Wahlkreis Marchfeld* luzide über Dirndlkleider und deren Verbreitung. *Aus der Tracht aber wurde eine Mode,* folgert sie aufmerksam. Den einen oder anderen modisch bedingten Wandel, dem auch das Dirndl anheimfiel, nennt sie uns: *Die alten, einfachen, schönen geblumten Dirndlstoffe, die sich so gut ausgenommen hatten, wichen lebhaften, modischen, städtischen Stoffen und man sah ein Jahr getupfte, das nächste Jahr gestreifte, das dritte Jahr wieder karierte Dirndlstoffe.*[2] Dass es damals schon bei ländlichen Frauen im Umland der Hauptstadt üblich war, das Dirndl bei der Wiener Schneiderin in Auftrag zu geben, zeigt, wie sehr man das handgenähte, schwere Stück Tracht abgelegt hatte. Es beweist einmal mehr den vollzogenen Wandel der Welt, der von der bäurischen Selbstversorgerin zur modernen Hausfrau, die beim Schneider oder im Kaufladen kauft, führt. Frau Elses Expertise ist von großem Wert, zumal sie die Stimme einer Sozialdemokratin ist. Die Liebe der Sozialdemokraten zum Dirndl war einem Österreich-Patriotismus geschuldet und nicht der Idee eines antisemitisch ausgerichteten Großdeutschen Reiches, in dem alle Menschen deutschen Blutes in deutscher Bauerntracht gemeinsam zur Marschmusik marschieren. Die Sommergarderobe Dirndl hatte alle erfasst, auch die Sozialdemokratinnen. Doch war es dieser Liebe zu Tracht und Dirndl nicht lange vergönnt zu frönen. Der austrofaschistische Ständestaat wusste dies zu unterbinden, indem er Partei und deren Arbeitertrachtenvereine verbot. Der *Arbeitertrachtler* war das Organ der Trachtlergenossen, erstmals erschienen 1923. Es ist das *Organ des Bundes der Arbeiter-Alpine-Gebirgstrachtenerhaltungs- und Volkstänzervereine Österreichs,* wie es selbsterklärend hieß. Am 1. Jänner des Jahres 1931 thematisierten auch sie den Einfluss der Mode auf die Tracht.

Im Organ *Der Arbeiter-Trachtler* sahen die Genossen Trachtenträger die Schuld der Veränderung von Tracht bei der kommerziellen wie industriellen, also vom Kapital vorangetriebenen Produktion von Kleidung. Dies schickte sich ein Trachtenschneider namens Scholz aus Graz, ein Handwerker also, an, wie folgt zu erklären:

*[d]ie Konfektion überschwemmt die österreichischen Trachten mit ihrem Kitschert, einerlei ob von Juden oder von Christen erzeugt; es sind dies unstreitbar landfremde Leute, weder Tiroler, Salzburger, Kärntner, noch Steiermärker; und wenn, dann gewissenlose Menschen, die nur auf Gewinnsucht ausgehen.*

Der sozialdemokratische Schneider sorgte sich um die Schönheit von Tracht, dies verband ihn mit den nationalreaktionären Kräften. Doch anders als diese verknüpfte er die Idee von der »richtigen« Tracht nicht mit dem deutschen Wesen, nicht mit der Vorstellung einer deutschen Rasse in idealtypischem Gewand, sondern mit dem Kitsch, den die im schnell wechselnden Rhythmus modischen Trends mit sich brachten. Mit dem Begriff Kitsch, auf den die Autorin sich bezog und der schon länger in Zusammenhang von Tracht zu kursieren schien, kam eine neue Kategorie in die Debatte. Gewiss war das Dirndl bis gegen Ende der 1930er-Jahre Symbol der Modernisierung ganz generell und ein Zeichen saisonaler Mode. Aber es schien auch zunehmend Symbol für die gefühlte Gefahr des Kulturverlusts, die vermeintlich von der Moderne auszugehen schien, zu sein. Man sah durch das Dirndl die

Schönheit des Alten zerstört, wie paradox. Unbestritten ist, dass die damals bereits geltende Trennung zwischen schwerer, leinener und wollener Tracht und dem leichten Baumwolldirndl größtenteils vollzogen war. Das Lamento vom Untergang der guten alten Kultur der in den Vereinen und Verbänden organisierten Heimatfabulanten wuchs sich hingegen zu einer beachtlichen Gesinnungskultur aus. Basierend auf kursierenden Meinungen, wie jener vom Salzburger Heimatforscher Karl Adrian (er arbeitete später für das nationalsozialistische SS-Ahnenerbe) von 1923, Tracht sei *bodenständig*, während das Dirndl zu sehr von der *Einbildungskraft* beeinflusst sei und diese Kraft, *hier freies Spiel, daher kam es, daß sich der bunte, slavische Einschlag dem deutschen Kleide beigesellte,*[3] stützte sich das Dogma von echt und unecht, von deutsch und nichtdeutsch, von kitschig und schön. Diese selbst ersonnenen Gesetze trieben innerhalb von zehn bis zwölf Jahren einen Keil zwischen die Dirndlsaison-Mode und die scheinbar anständigen Trachtenträgerinnen. Die Brüder und Schwestern im Geiste der Trachtenwissenschaft einte der Zorn auf die geschmacklich individuell gestaltete, kreative Mode. Für sie war das Dirndl ein Affront gegenüber der bereits damals nur idealisierten *volksechten* Tracht. Aber vor allem galt es als jüdisch, modisch und launenhaft. Friedericke Pühringer, nachmals Prodinger und Direktorin des Salzburg Museums, Kameradin in Geist und Arbeit von eben zitiertem Adrian, hochdekoriert von Bund und Land in Österreich, meinte dazu 1939 in einem Briefwechsel mit dem SS-Ahnenerbe: *Alle anständigen Salzburger würden froh sein, endlich eine Richtschnur zu finden, die aus dem Wust konjunktursüchtiger Erzeugnisse heraus zu unserem volksechten Trachtengut führt.*[4] Sie war beileibe nicht die Einzige, der Derartiges über die Lippen kam. Noch drei Jahre vorher gab es einen begeisterten Artikel in der Zeitschrift *Internationale Frisierkunst und Schönheitspflege*, der vom *Siegeszug um die Welt des Dirndls* sprach. *Denn den Ausländerinnen, die von Salzburg aus, plötzlich Österreich entdeckten, gefiel die Kostümierung unserer Bevölkerung ganz besonders. So sehr, dass ihr erster Weg meist in einen der Läden zu führen pflegt, den man als Engländerin oder Französin betritt, um ihn als »Tyrolienne« zu verlassen. Und zwar auch dann, wenn das erstandene Dirndl salzburgerischen, steirischen oder völlig undefinierbaren Ursprungs war,*[5] hieß es da.

So war die Zwischenkriegszeit halbwegs ausbalanciert mit dirndlschen Modeschöpfungen von Seiten der Schöngeistigen, Frei- und Tiefsinnigen und den vereinsmäßigen, politisch-programmatisch orientierten Trachtlern, die sich einer Volksecht-Doktrin verschrieben und pseudoästhetische Rechtfertigungen heranzogen, wenngleich sie bereits eine Schlagseite hatte. Politik und Chic existierten geraume Zeit nebeneinander her, die Schönen und Reichen trafen sich bei den kurz nach dem 1. Weltkrieg gegründeten Salzburger Festspielen. Die damit einhergehende Internationalisierung leistete ihren Beitrag zur »Verdirndelung« der Welt und Berichte darüber sind uns unverzichtbare Quelle zur Kostümgeschichte von Tracht und Dirndl. Eine zentrale Rolle kam dem Sportgeschäft *Mahler & Lanz* (Friedrich Mahler und Josef Lanz) zu. Mit diesem Geschäft war der Grundstein zu einem Dirndlchic gelegt, der die vornehme internationale Gesellschaft auf Jahrzehnte hinaus passend zum Anlass während der Sommerfrische einkleiden sollte. Als Sportbekleidungsgeschäft gegründet, kam es recht bald zur Erweiterung im Sortiment. Die beiden Geschäftsmänner boten neben Sportkleidung und -ausrüstung (Schafwollsocken in Grau und Weiß, Bergschuhe, Ski und Rodeln) nach und nach auch Trachtenmode an. Als sich im Jahr 1925 Mahler von Lanz trennte, um ins Ausland zu gehen, war das Haus bereits als Anlaufstelle feiner Sommerfrischemode für Festspielbesucher bekannt. Dazu beigetragen hat auch ein Freigeist namens Carl Mayr

Carl Mayr, Freigeist aus dem Umfeld der Salzburger Festspiele, gilt als der erste moderne Desinger von Tracht.

(1875–1942), der Wirt des Kaspar-Moser-Gasthauses in Henndorf bei Salzburg, der, wie der Schriftsteller Carl Zuckmayer in seinen Memoiren schreibt, kunstfertig im Malen, Zeichnen, Sticken und Weben war.

*Es war, als wäre man beim letzten Großherzog eines der alten, höchst kultivierten Duodezhöfe zu Gast geladen.* [...] *Seine jugendlich schlanke Gestalt, in eine von ihm selbst entworfene, elegant stilisierte Spielart der einheimischen Tracht gekleidet, bewegte sich auf Haferlschuhen aus grauem Wildleder mit Silberspangen in einer fast tänzerischen Leichtigkeit und Grazilität* [...].[6]

Der viel gereiste Kosmopolit blieb dem Folklorismus rund um Henndorf stets verbunden. Er verstand es, den ländlichen Charme, der sich in den klobigen, von schweren Stoffen bestimmten Trachten des Pinzgaues, Pongaues, Flachgaues verbarg, in einen modischen Stil zu verwandeln. Selbst Freigeist, viel gereist und zudem noch der Bruder des viel gerühmten Kammersängers Richard Mayr, bewegte er sich im Kreis der Festspielzeitsociety und diese wiederum im Bräugasthof der Mayrs in Henndorf.

Amerikanerinnen, Engländerinnen, Schauspielerinnen, Sängerinnen vergnügten sich untereinander vor der Kulisse des Untersberges und im Schatten des Mönchsberges. Lotte Lehmann (1888–1976), Marlene Dietrich (1901–1992) mit Lamberghut, Helene Thimig (1889–1974) trugen Dirndlchic, während die Männer sich eine Lederhose überzogen.

## Lamberghut & Marlene Dietrich

Besondere Erwähnung gebührt dem salzburgischen Lamberghut. Am 19. April 1900 inserierte im *Salzburger Volksblatt* ein gewisser Karl Posch aus Salzburg: *Der von mir unter diesen Namen gebrachte und allgemein so beliebt gewordene Jagd- und Touristenhut ist bei mir nur in guter, wetterfester Qualität zu haben. Vereine und Forstleute Vorzugspreise.* Vier Jahre später meint einer der frühen Trachtenkundler, der spätere Nazi K. Adrian, ebenfalls im *Salzburger Volksblatt* vom 25. Juli 1914: *Zu der Tracht gehört der Lamberghut mit Gemsbart oder Schildhahnfeder.* So schnell kann es gehen. Doch gibt es Ungereimtheiten in der Design-Geschichte des Hutes. Der Lamberghut, den auch Anton Blum, Hutfabrikant in Salzburgs Dreifaltigkeitsgasse, anbot, annoncierte in lokalen Zeitschriften, er wäre der *alleinige Erzeuger* des *Orig. Graf Lamberghut.* Über Jahre wirbt der Hutfabrikant mit seinem Hut und weist darauf hin, dass er der *gesetzlich allein berechtigte Erzeuger* sei. Offenbar gab es einen Rechtsstreit dazu. Jedenfalls trug die Society der Festspielgemeinschaft Lamberghut, unter ihnen Marlene Dietrich. ◀

Der Lamberghut war während der ersten Jahre der Salzburger Festspiele ein begehrtes modisches Stück.

Die Dietrich im Trachtenoutfit von Lanz und mit Lamberghut auf dem Kopf.

Die Zwischenkriegszeit lebte im Versuch, die Leiden des zurückliegenden Krieges hinter sich zu lassen und in der neu gewonnenen Freiheit Neues zu schöpfen. Mit der Erfindung der Festspiele in Salzburg schuf sich das künstlerische, kosmopolitische Milieu einen Tummelplatz. Die Verdirndelung internationaler Besucher adelte die lokale, noch keineswegs durchgängig modernisierte hinterländische Provinz. Für die internationale Schöngeistigkeit war die binnenexotische Landkultur Rahmenprogramm, während die Einheimischen im Hinterland versuchten, sich daran aufzurichten. Für den 4. Oktober 1924 ruft der *Gebirgs-Trachten-Erhaltungsverein Knittelfeld* über die *Österreichische Gebirgs- und Volks-Trachten Zeitung* zu einem *Dirndlkirta* auf. Solche Zusammenkünfte waren damals gern gepflegte Praxis.

Bei den Salzburger Festspielen allerdings verdichtete sich das Stadt-Land-Verhältnis zu einer idealen Verbindung von freisinniger Moderne und antisemitischer Antimoderne. Die Rede vom Juden, der sich einen Sommerspaß im Dirndl in Salzburg gönnte, war zu diesem Zeitpunkt bereits eine fixe Idee. Auch Carl Zuckmayer erinnerte sich, *[d]aß die Leute, die im Salzburger Festspielsommer so schön Theater spielten und Musik machten, zum Teil Juden waren und die zahlungskräftigen Fremden, die sie damit ins Land lockten, teilweise auch, interessierte keinen Menschen dort auf dem Land. Aber der propagierte Antisemitismus hat seine Wirkung* [...].[7] Der Ton nahm mit den Jahren zu, der Blick wurde gnadenloser, das augenfällige Dirndl und die Tracht wurden zunehmend zum Sinnbild einer Gefahr, die es auf die *volksechte* Kultur abgesehen hatte. Den Trachtenfabulierern, die immer mehr wurden, und die sich seit 1933 in Österreicher und illegale Nazianhänger schieden, war das Salzburger Treiben nicht immer geheuer, sie begannen zwischen geeigneteren und weniger geeigneten Dirndlträgerinnen zu unterscheiden. Selbst im fernen Berlin schrieb man zum Treiben in Salzburg:

*Tenöre, Minister, abgedankte Könige, regierende Filmstars und Schauspielerinnen stehen interessiert vor den abwechslungsreichen Schaufensterauslagen von Lanz, und Paula Wessely, das echteste aller Dirndl, läßt ihren und Attila Hörbigers großen weißen Horchwagen mit den beiden Türinitialen P. W. und A. H. häufig am »Plazl« sehen. Manche ergreifen im Laden ihre gekaufte Trophäe so eifrig, daß sie noch mit der Preismarke im Auto davonsausen. Diese Mode verwischt die Unterschiede zwischen Einheimischen und Fremden.*[8]

Die Praxis der damaligen Spaßgesellschaft, während der Festspielzeit in alpin-folkloristischem Outfit zu promenieren, wuchs sich in den Köpfen der *Hütlerischen*, wie sie im Volksmund auch genannt wurden, zu einer rein imaginierten Gefahr aus, die dennoch reale Wirkung zeigen sollte.

Im Schatten eines völkischen Echt-Unecht-Denkens schmiedete man an einem kulturpolitischen Schwert, dessen Eisen noch immer nicht erkaltet ist. Von den reaktionären Kräften in Stellung gebracht, glaubte man im Kostüm ethnische Tugenden zu retten, wenn man behauptete, die eine Trachten- oder Dirndlträgerin wäre dafür geborener als die andere: *Natürlich tragen sowohl Paula Wessely wie Marlene Dietrich Älplertracht. Aber während sie an Paula Wessely ganz echt und natürlich wirkt, wird sie an Marlene Dietrich zu einem zwar reizvollen, aber irgendwie »filmischen« Kostüm.*[9]

In der völligen Verkennung der Tatsache, dass Tracht nichts mehr als ein Kostüm war, das dort, wo es nicht schon verschwunden war, nicht wirklich gern getragen wurde, weil es als unmodern galt, und in Ermangelung der Bereitschaft, Kleidung als Ergebnis modischen Bestrebens zu akzeptieren, phantasierte man eine deutsch-völkische Bedeutung in das Stück hinein. Dabei war alles Treiben ein menschlich nur zu verständliches Spiel, das angestachelt von der Lust auf Leben und Verschönerung desselben erfolgte. Die Maskerade, die aus Anlass der Festspiele stattfand, hört sich daher süffig mit den Worten Erich Kästners an, wenn dieser seinen Protagonisten für den Mittag des 22. August 1937 in sein Tagebuch eintragen lässt: *An der Mittagstafel lernte ich die Amerikaner, die alle als schmucke Tiroler daherkamen, kennen.*[10]

# INTERMEZZO II

## Die Lederhose – Kleidung der »Verbotszeit«

Der Schrecken demokratischer Kräfte zeigte ein adrettes Erscheinungsbild. Kurze Lederhosen, weißes Hemd, weiße Stutzen, Krawatte. Doch so anspruchslos, wie sie daherkamen, waren diese Trachtler nicht. Da die NSDAP in Österreich mit 19. Juni 1933 verboten wurde, galt dies auch für das Tragen von mit dieser Partei verbundener Symbole. Also verständigte man sich auf einen Kleidercode, der der Silhouette nach Ähnlichkeit mit untersagter Kleidung der Hitlerjugend hatte, und der gewisse austriakisch-patriotische Phantasien verkörperte. Die kurze Lederhose, manchmal mit den schmalen Kraxn, so nennt man den Brustteil der Hosenträger, getragen, das Hemd und die Einführung von weißen Stutzen wurden auf diese Weise zu einem Kleidercode für politische Gesinnung. Wie die NS-Eiferer Jahre später selbst sagten, war es die *Kleidung der Verbotszeit* und ersetzte die Uniform der Hitlerjugend, deren Merkmal kurze schwarze Hose und braunes Hemd war. Die Nationalbibliothek in Wien hat ein exemplarisches Foto von der Nacht, als Österreich Hitlerdeutschland »angeschlossen« wurde.

Auf diesem Bild lehnt ein österreichischer Lederhösler neben einem Laster, auf dem euphorisierte deutsche Hitlerjungen in kurzen Hosen mit Hemd, Krawatte und weißen Stutzen sitzen, und verteilt Flugblätter. Das seitlich vom Wagen angebrachte Banner warnt alle Autofahrer mit den Worten *Gib acht. Ab MITTERNACHT RECHTS-FAHREN.*

Diese symbolische Besetzung von Kleidung konzentrierte sich bei den Männern auf jene drei Elemente von Kleidung: Hose, Hemd, Stutzen. Wenngleich bis heute, wie beim *Judentrachtenverbot*, kein gedrucktes, reichsweit geltendes Gesetzesblatt gefunden werden konnte, wirkten kurze Lederhose, weiße Kniestrümpfe und weißes Hemd wie ein solches. Sie bildeten einen Code, galten verbürgt als Gesinnungskleidung. Voller Stolz berichtet die Wiener Ausgabe des *Völkischen Beobachters* vom Oktober 1938, in Linz seien *300 SA.-Männer* [...] *in ihrer traditionellen Kleidung der Verbotszeit, in Lederhosen, weißen Hemden und weißen Strümpfen aufmarschiert, um Deutschlands Fahnen stehen in unserer Hand*[1] zu skandieren.

Ein integrer literarischer Zeuge, Friedrich Torberg (1908–1979), auf der Flucht vor der Verfolgung durch die Lederhosler, notierte:

*Der und jener starrte glasig und gelähmt vor sich hin, sah nichts, wollte vielleicht nichts sehen, wollte die andern gehässigen Blicke nicht aufnehmen, die ihn trafen, unverhohlener als je, in höhnischer Gewißheit auftrumpfend, erbarmungslos siegessichere Blicke, und die sie aussandten, trugen jetzt nicht mehr bloß die weißen Wadenstrümpfe, sondern trugen das Hakenkreuz am Rockaufschlag und begrüßten einander mit erhobener Hand.*[2]

Zahlreich sind die Fotos von Hitlerjugendtreffen solcher Weißstutzler. Die österreichischen Nazis liebten es, sich in diesem Aufzug zu zeigen, und nicht nur die.

»Kleidung der Verbotszeit« nannten die illegalen Nationalsozialisten Österreichs ihr Outfit, bestehend aus kurzer Lederhose, weißen Stutzen, weißem Hemd.

Zum Zeichen symbolischer Verbundenheit und staatspolitischer Vereinigung trug Hermann Göring (1893–1946) selbst Lederhose und weißes Hemd, als er im Mai im salzburgischen Kaprun ehemals illegalen Nazis zum Dank für ihren unermüdlichen Kampf für die *Bewegung* die Hand schüttelte. Reinhard Heydrich (1904–1942), Mittäter und Miterfinder der Wannseekonferenz – Freigabe zur Vernichtung aller, die anders waren –, ließ sich ebenso mit seiner Familie gern in Lederhose, weißem Hemd und weißen Stutzen – die Frau trug selbstredend Dirndl – ablichten. Das Bundesarchiv Berlin verfügt dazu über eine kleine, idyllische Fotoserie. Längst vergessene und überwundene höfische Kleiderordnungen lebten auf diese Weise neu auf. Nur wer würdig war dazuzugehören, sollte diese Kleidung tragen. So sehr auch im alpinen Bereich, in Österreich, Südtirol und Bayern, diese Bekleidungsform als Gesinnungskleidung akzeptiert war, als repräsentativ für den Beamtenapparat Nazi-Deutschlands sollte sie sich nicht durchsetzen. Eine Petitesse aus dem Vogtland mag veranschaulichen, dass, Gesinnung hin oder her, selbst innerhalb eines geschlossenen Systems politischer Weltanschauung die Zeichen anders gedeutet werden können. Man möchte meinen, die Bedeutung der Lederhose hätte ihre Symbolkraft bis nach Berlin entfaltet, nachdem Göring selbst in Lederhose Österreichs Illegalen medienwirksam die Hand geschüttelt hatte, doch dem war offenbar nicht so. Immerhin verbreitete sich der Vorfall zur Lederhose bis nach Paris. Eine Glosse von September 1938 der in Paris herausgegebenen Zeitung *Der sozialistische Kampf. La lutte socialiste* berichtet in der Causa Lederhose, wonach ein Lederhose und weiße Stutzen tragender Steuerbeamter im Steueramt in Oelsnitz im Vogtland damit regelrecht einen amtlichen Vorgang ausgelöst habe. Der Vorgesetzte des Mannes fand die Hose im Amt nämlich unschicklich, und beauftragte das *Amt der Schönheit der Arbeit* – es war Teil der NSDAP – um eine Expertise.

---

## Stutzen

Die Trachtenmaler und -sammlungen vergangener Jahre überliefern uns blaue, rote, graue, cremeweiße und grüne Stutzen. Die Buntheit fand mit dem Nationalsozialismus ein Ende, indem fortan weiße Stutzen zu einem stummen Symbol politischer Gesinnung wurden. In der Folge kam es durch eine Innsbrucker Nazivasallin zur Uniformierung der Tracht, insbesondere zur generell geltenden Einführung der weißen, gestrickten Baumwollstutzen. Der Trachtensaal im Innsbrucker Volkskunstmuseum beweist jedoch, dass es vor dieser Regel sowohl bei den Männern als auch bei den Frauen üblich war, blaue und rote Stutzen zu tragen. Die neue Volkspartei rief im Wahlkampf 2019 dazu auf, in türkisen Stutzen – Türkis ist die Parteifarbe – zum Zeichen gemeinsamer Gesinnung den Kirtag in Neustift am Walde in Wien zu besuchen. ◂

Blau, rot oder naturweiß waren Stutzen zunächst. Mit der NS-Kleiderprogrammatik kam es zur Einführung von »naturweiß« als »artgerecht richtige« Farbe.

Dieses wäre zum Schluss gekommen, nachdem es *sich in die Lederhose hineinlegte, sie von allen Seiten beschnüffelte, ästhetisch, weltanschaulich, nationalsozialistisch, und alles was in einer Lederhose verborgen sein kann, herausholte*, das Tragen der Lederhose schmälere den Respekt des Steueramtes des Reiches.[3] Am Ende des süffisanten Kommentares lüftete der Schreiber, wie sehr man die Symbolkraft von Kleidung unterschätzen könne und bisher unterschätzte: *Man wusste in harmloseren Zeiten gar nicht, wie viel an solch schlichtem Kleidungsstück hängt: die Autorität, ja, das Führerprinzip, dessen Ausstrahlung auch den letzten Amtshintern in Alldeutschland zu einem Sinnbild erhebt.*[4]

Der Dresscode der alten Nazis untereinander blieb Jahre nach dem Krieg in Verwendung, die gegnerische Seite war inzwischen sensibilisiert genug, um dies zu erkennen. Die alte Kamarilla war die neue Kamarilla, gerade, wenn sie kurze Lederhose und weiße Stutzen mit weißem Hemd trug. So berichtet ein Autor in der von den Sowjets herausgegebenen *Österreichische Zeitung* am Sonntag, den 13. November 1949, unter der Rubrik über Clubgründungen alter Nazis zu neuen Gemeinschaften in Krems in Niederösterreich: *Kremser Notizen, Neonazisten gefallen sich vorläufig darin, in schnittigen Reithosen und weißen Stutzen am abendlichen Bummel auf der Landstraße teilzunehmen, eine zwar alte, aber nicht sehr originelle politische Demonstration.*[5] Die weißen Stutzen machten augenscheinlich, was der ideellen Offenbarung ihr Antlitz gab. Das rote Tuch waren die weißen Stutzen, Lederhosen oder kurze Hosen und Hemd mit Krawatte.

Die politische Bedeutung von weißen Stutzen war auch den italienischen Carabinieri, einer Ordnungseinheit des italienischen Heeres, aus der Zeit des pronazistischen Südtirols bekannt. Weiße Stutzen ließen diese ein nachhaltiges Sensorium ausbilden. Als im Juli 1949 ein Österreicher, ein Briefmarkensammler, im Badeort Riccione behördlich überprüft wurde, schrieb der Berichterstatter der *Obersteirische[n] Zeitung* ganz verwundert folgendes:

*Die Leobner Briefmarkensammler als Gäste in Italien. Stolz spaziert an einem die Polizei vorbei; sie sieht es nicht, wenn zu zweit auf einem Rad oder bei Nacht vielleicht ohne Licht gefahren wird, wohl aber kann man zum Beispiel mit einer kurzen Hose und weißen Stutzen Aufsehen erregen. Da kann es sogar passieren – einem Leobner Briefmarkensammler soll es sogar so ergangen sein, daß sich die Bewohner kopfschüttelnd zu Gruppen stauen und die hohe Obrigkeit einschreitet.*[6]

Wie ein Fetisch hatte sich das nur scheinbar harmlose Outfit zu einem politischen Signum entwickelt und bei Freund und Feind auch nach dem Krieg als politisches Indiz erhalten.

Die helle, kurze Lederhose der Nationalsozialisten muss, um Proteste und Ungerechtigkeiten zu vermeiden, von der jägerischen, schwarzdunklen aus der Ausseer-Gegend unterschieden und sie sollte nicht mit dem Trend, salontirolerisch sein zu wollen, verwechselt werden. Die besonders in der Steiermark lebenden kaisertreuen oder österreichtreuen Patrioten trugen schwarze oder braune steirische Lederhosen, bestickt oder unbestickt sei an dieser Stelle nicht wichtig, jedenfalls im Stil des Hochadels, Adels und des jüdischen Bürgertums. Dazu trug man besonders im Steirischen grüne Knie- oder Wadenstrümpfe. Kaisertreue und österreichtreue Nicht-Nazis aus der steierischen Gegend legten Wert darauf, grüne Stutzen zu tragen.

Die Erfindung der weißen Stutzen als Stilmittel zu politisch-ideologischen Zwecken diente auch der Konturierung zu den demokratischen Kräften hin. Denken wir exemplarisch an den politisch berühmten Michael Hainisch (1858–1940). Hainisch, der erste Bundespräsident Österreichs, 1920–1928, der in einer sozialreformerischen Manier traditionelle und moderne Techniken in Einklang zu bringen suchte, der zu diesem Zweck einen Musterbauernhof betrieb, ließ sich, seine Familie und das Personal in Dirndl und Lederhose vor dem Hof ablichten. Das Bild, das sich im Archiv der Österreichischen Nationalbibliothek befindet, zeigt den Präsidenten in dunklen Stutzen, keinesfalls kniefrei, auf seinem Gut in Jauern, bei Spital am Semmering im Jahr 1928. Es findet sich in der Gruppe ein Hell-Stutzler, doch dessen knielange Lederhose ohne Hosenträger dechiffriert ihn, zum gegenwärtigen Zeitpunkt wenigstens, nicht als Abtrünnigen, damals gab es noch kein Verbot und somit war *Verbotskleidung* nicht erfunden. Alle Männer auf dem Foto tragen geschnürte Halbstiefel à la Derbyboots oder grobe genagelte knöchelhohe Arbeitsstiefel, damals selbstverständliches Schuhwerk auf dem Land. Anders als Kosmopoliten wie Hainisch und berühmte oder weniger berühmte Sommerfrischler, die aus reformerischen Gründen tradierte Kultur und moderne Neuerungen zusammenzuführen gedachten, war für die Illegalen besagtes Outfit zunächst wohl eher eine Notlösung.

Doch man gewöhnte sich recht schnell dran und feierte sich letztlich darin. Als im Juli 1938 in Kärnten eine SA-Gruppe zusammenfand, um sich zu feiern, berichtete man in der Kärntner Landeszeitung *Freie Stimmen* von den Männern, die in *Kleidung der Tage des Umbruchs, das weiße Hemd mit dem schwarzen Binder und der Hakenkreuzbinde am Arm, die kurze Lederhose, die weißen Strümpfe und die braunen Halbschuhe ein farbenprächtiges Bild* gäben.[7] Angesichts der wenigen Farben bei dieser Tracht von einem *farbenprächtigen Bild* zu sprechen, dünkt weit hergeholt.

Die Lederhose der NS-Trachtler erinnert gar nicht an die männliche, mit einem Hirschfänger bewehrte und durch Stickereien veredelte Lederhose im Steierischen Ausseer-Land, oder ähnlich gestalteten auf bayrischem Gebiet. Weniger kraftvoll, weniger männlich ist die sehr kurz geratene, meist mausgraue Hose. So kam sie fast harmlos und kindlich daher, doch leider verbarg sich gar sehr viel Schrecken darin.

# MÄNNERHOSE, LEDERHOSE, PANTALON

Die Lederhose des ersten Bundespräsidenten der ersten Republik ist uns an dieser Stelle eine Erwähnung wert. Sie glich jener von Franz Salvator, Erzherzog von Österreich-Toskana (1866–1939), mit der dieser in einem Atelier 1912 abgelichtet wurde, sehr. Es war eine handwerklich kaum veredelte Lederhose, die gerade abgeschnitten knapp über dem Knie endete. Die Stutzen reichten bei beiden bis unters Knie, aus dem verbliebenen sichtbaren Zwischenraum lugt eine lange Unterhose hervor. Derart unaufgeregt wie im Falle des parteilosen Bundespräsidenten finden wir nie wieder eine Lederhose abgebildet. Die Lederhose wird historisch häufig als österreichisch-bayrisches oder alpines Kleidungsstück bezeichnet, was nur bedingt stimmt. Die Männer in Welschtirol, dem heutigen italienischen Trient, trugen ebenso Lederhosen und Kniebundhosen aus Leder, die Männer in der Schweiz nicht minder. Wenn man dem Amateurzeichner Karl von Lutterotti Glauben schenken will, noch dazu in allen möglichen Farben: gelb, grün, braun, schwarz.

Österreichs erster Bundespräsident, ein sozialreformerischer
Fabianer, zeigt sich samt Personal auf seinem Gehöft.
Er trägt unter der Lederhose eine lange Unterhose.

Die Mär von der männlich-bayrisch-brunftigen Lederhose spiegelt wie so oft bei Kleidung eine Projektion zur Selbstdarstellung wider – oft genug wiedererzählt, glaubt man sie irgendwann.

So ergibt das Landschaftsbild der Männertrachten Deutschlands, dass im 19. Jahrhundert überwiegend Hosen im Stil der Pantalons getragen wurden. Dort, wo sich auf dem Land die langbeinige (wollene) Pantalon, die durch die Französische Revolution Verbreitung fand, noch nicht durchgesetzt hatte (je entfernter man von der Stadt war), wurden kniebündig abgeschlossene Hosen mit einem Bändchen, einer Bandschluppenverzierung, unter dem Knie, oberhalb des Stiefelschaftes gebunden. Rose Julien dokumentiert für uns 1912 aus der Rheinebene, dem Schwarzwald, dem Badischen, der Lausitz, Oberfranken durchaus gemischte Praktiken von Pantalons, langen Hosen und Culotte-ähnlichen knielangen Hosen. Das wohl eigenwilligste Beispiel ist die Hose eines Mannes von der Insel Rügen. Es handelt sich um eine knielange weiße Hose, die derart weit aussteht, als wäre sie ein Rock. Sie ließe sich bei geschlossenen Beinen tatsächlich mit einem riesigen Hosenrock umschreiben. Konfrontiert mit der Mutmaßung Rose Juliens, die *weiten Büxen* würden möglicherweise dazu dienen, *das Anschlagen des Wassers am Körper zu verhüten*, soll der kluge Mann Unverständnis gezeigt haben, indem er zurückgab, er *arbeite doch nicht im Wasser, sondern auf dem Wasser.*[1] Nun, die Männerhose des Alltages hat, abseits von der kurzen Lederhose der Nazis, eine wenig aufregende Geschichte. Wie die frühesten Trachtenforscherinnen belegen, legten die Männer ihre Tracht schneller ab, als dies die Frauen taten. Für das Tirolerische Ötztal meinte ein Berichterstatter namens Tappeiner auf einer Reise im Jahr 1878 befunden zu können, dass die Männer bereits *vor dreissig Jahren* ihre Tracht abgelegt hätten und nur ein alter Mann hätte sich ihm in einer schwarzen, kurzen Lederhose gezeigt. Am Ende des Tages und der Entwicklung sollten alle Hosenformen in der langen konfektionierten Hose aufgehen. Passend dazu löste der Schuh den Stiefel ab.

Der gegenwärtige Lederhosenkult gehört in die Reihe anlassbezogener Verkleidungskultur, oder sie knüpft an eine erfundene historisierende Erzählung an. Mag vielleicht der eine oder andere seine Männlichkeit darin gut konserviert wissen, sich dabei an die Softpornophase von *Liebesgrüße aus der Lederhose* oder *Pornogrüße aus der Lederhose* von Franz Marischka (1918–2009) in den 1970er-Jahren erinnern, es ist, was es ist: ein kulturhistorisch interessantes Stück Leder, dessen politische Symbolkraft man nie unterschätzen sollte, denke man nur an den volkstümlich schmalzig-patriotischen Musiker Andreas Gabalier und dessen symbolpolitische Lederhose (samt Präsentation der Lederhosenkollektion beim *Gipfel der Tracht* 2014 in Salzburg), man vergesse nicht auf die Lederhosen-tragenden FPÖler, oder die vielen Pop-up-Artikel, die als Stoffimitationen gestickter Lederhosen in Badehosenform, für Babies, als Boxershorts usf. daherkommen. Die Lederhose wird, wie nahezu alles rund um Tracht, zu den typisch alpinen Kleidungstypen, gar zu den *Stammeszeichen für den alpinen Men-*

Lederhosen gab es in vielen Ländern,
Farben und Regionen. Diese abzulegen galt als Fortschritt.

*schen bajuwarischer Abstammung, gewissermaßen als sein Heimatschein,*[2] gezählt. Das ist maßlos übertrieben, denn wie für uns Karl von Lutterotti festhielt, war sie auch im norditalienischen Welschtirol Teil der Männerkleidung, auch im Appenzell erzählt man schon immer, die Männer hätten ihre *Geli,* deren gelben Farbpigmentzusammenstellung nur ein Drogist der Schweiz kennt, getragen. Man weiß nichts Genaueres, außer dass sie kostümhistorisch aus der höfischen Culotte hervorgegangen sein soll. Lutterottis Bilder überliefern uns wenig abgeschlossene Bünde, nur lose verwendete Schnüre. Auch aus dem kärntnerischen Gailtal wird von Lederhosen berichtet, bei denen das Knie sichtbar war,[3] und eine Erzählung im *Linzer Postillion* des Jahres 1849 berichtet von einer *zierlich ausgenähten Lederhose.*[4] Konrad Mautner widmet der Lederhose der Ausseer-Gegend Aufmerksamkeit, kommt zum Schluss, dass zum Zeitpunkt, als er sich des Themas annahm, die Hose bis dahin mindestens eine Wandlung erlebt haben musste.[5] In Bayern hat Erzherzog Max, der Vater von Sisi, wegen seines Hanges zur bäuerlichen Kultur Lederhose getragen. In der notwendigen Kürze lässt sich von der Lederhose sagen, sie bestand aus Material, das man so hatte, sie nahm vermutlich Anleihe bei der höfisch-französischen Mode. Rund um die Lederhose hat sich eine frivol-erotische Aura ausgebildet, die ihrerseits schon Anlass zur gesonderten Betrachtung geben sollte. Nicht zurückzuweisen ist der Einfluss der französischen Mode, schließlich kam es zu einer kurzfristigen Einlassung der Bayern mit dem Frankreich Napoleons.

Deutschlands vermutlich berühmtester Lederhosenträger ist Walter Scheel (1819–2016), ehemaliger Bundespräsident, der in seinem Sommerurlaub in Österreich ganz in der Tradition der ersten Touristen im August 1974 eine Lederhose mit blauen Stutzen trug.[6]

# DIRNDLDIKTAT(UR)

*Unser Pflichtjahrmädl wird eingekleidet*

*Waschbare Dirndl, die ja wohl jede hat, sind dafür wichtig. Sind sie zu sehr »auf Taille gearbeitet«, so müssen sie entsprechend erweitert werden, denn auf dem Lande bei der Arbeit kommt es nicht auf das »fesche« Aussehen, sondern lediglich auf das Praktische eines Kleidungsstückes an. [...] Zur Ausstattung gehört auch ein buntes Kopftuch.*[1]

So wie hier 1942 eine Familienzeitung schreibt, lancierten Zeitungen und Zeitschriften viele Jahre lang mit kernigen Bauersleuten in Tracht und Dirndl ihre Titelseiten oder Beilagen. Das Dirndl deutschen Wesens war fester Bestandteil der Selbstdarstellung in Nazideutschland, es war Teil des Bildprogrammes der Zeit.

Die vergangene fröhlich-sommerliche Dirndlstimmung der Zwischenkriegszeit verlor definitiv mit dem Einmarsch Hitlers in Österreich ihren lebensbejahenden Appeal. Einer Gruppe Volkstumsagenten war daran gelegen, mit dem bäuerlichen Gewand programmatisch Realpolitik zu betreiben. Dazu gehörte eine nicht wissenschaftlich ausgebildete Sekretärin und spätere

»Trachtenforscherin« aus Tirol. Sie sollte fortan mit ihrer Vorstellung von Tracht und Dirndl das Aussehen und auch die Vorstellung von Tracht in Österreich bis ins Jahr 2020 mitbestimmen. Gertrud Pesendorfer (1895–1982) war Teil jenes großdeutsch denkenden Lagers, das bis zum Einmarsch von Hitlers Truppen den Anschluss vorbereitete. Ihr Mann, ein Tiroler Jurist, galt als so genannter Illegaler, sie selbst ideologisierte zunächst im Hintergrund. Ihre Leidenschaft zum Thema Tracht führte sie ins Tiroler Volkskunstmuseum, wo sie Sonderschauen zum Thema betreute. Nach eingehenden Quellenstudien kann man in gebotener Kürze befunden, es ist aufgrund der Aktenlage *relativ einfach, schnell zu einer Conclusio zu kommen, bei der Gertrud Pesendorfer als zentrale Figur der NS-Trachtengeschichte ermittelt werden kann,*[2] wie es in einem erstmals sich mit dem Thema befassenden Band mit dem Titel *Maß nehmen – Maß halten. Frauen im Fach Volkskunde* aus dem Jahr 2008 geschrieben steht. Was hier einer engagierten Hobbytrachtlerin gelungen ist, steht exemplarisch für Umlauf- und Rücklauf in Wissenschaft und Gesellschaft. Alles das, was sie über Tracht und Dirndl sagte und kreierte, kam irgendwann als selbstverständlich, als »geglaubtes« Wissen zu uns zurück, weil sie bis in die 1980er-Jahre die Vereine beriet. Wir erinnern uns, dass freigeistige Menschen das Dirndl als Sommermode-Chic trugen, es sich während der Zeit zwischen den beiden Weltkriegen als Objekt saisonalen Modegeschmacks etabliert hatte, während gleichzeitig Trachtenverbandsvertreter in Tracht und Dirndl in ihm deutsche Tugenden kon-

Die Nationalsozialistin G. Pesendorfer führte
eine weibliche Silhouette in die plumpe Tracht ein.

zentriert sahen. Das *bequeme Sommergewand, schlimm entartet allerdings*, wie Pesendorfer in einem ihrer ersten Bücher schrieb, sollte den Krallen der Modemacher entrissen werden und ein modern-deutsches Äußeres verpasst bekommen. Besessen von der ewigen Verbindung zwischen Bauerntum als Bewahrer des guten Alten und der feindlich städtisch-jüdischen Modeindustrie ersann sich Frau Pesendorfer die von ihr ins Leben gerufenen *erneuerten Trachten*,[3] sogar neue Trachtenregionen schuf sie. Beispielsweise kreierte sie eine Vinschger Tracht, die es jedoch vorher so nie gab.

Am 12. März 1938 übernahmen nationalsozialistisch Gesinnte Österreichs Ständestaat, Hitler war bereits in Österreich eingetroffen. Ab diesem Moment trat zutage, was im Hintergrund lange Jahre vorbereitet wurde. Für das Dirndl und die Tracht hatte dies weitreichende Folgen. Als pünktlich im Juni in den Zeitschriften und Magazinen Modetipps zur Sommermode – das Dirndl als Sommerfrischemode wie alljährlich – empfohlen wurde, stand in einem Artikel zu lesen:

*Unter fachkundiger Leitung findet gegenwärtig in Wien ein Kurs zur Herstellung einfacher, zweckmäßiger Dirndlkleider, die unserer Art und unserem Wesen entsprechen, richtig passen und einwandfrei genäht sind, statt. Dieser Kurs soll dazu dienen, dem Trachtenkitsch und Konfektionsschund auf gemeinsamer, bewußt nationaler Grundlage entgegenzutreten. Dazu gehört vor allem die Erkenntnis, daß Tracht oder ein Dirndl nur von der deutschen, arischen Frau getragen werden darf, daß fremdrassige*

*Mädchen sich also unter Aufsicht von Lehrerinnen kein Dirndl nähen dürfen. Großstädterinnen sollen nicht unbedingt Dirndl oder Tracht wählen, wenn sie nicht zu ihrem Wesen passen.*[4]

Die Stunden unbeschwerter Sommerfrische, die Sommer modischer Dirndlkostümierung fielen fortan einem programmatisch gesteuerten Trachten- und Dirndldiktat zum Opfer, dessen normativer Charakter ungebrochen wie ein nationales Gebet rezitiert wird. Dabei speist es sich noch immer aus dem Mythos *Deutsche Bauerntracht*, von einem Kulturideal eines agrarischen Menschen. Und trotzdem war es kostümhistorisch damals so falsch, wie es heute ein Irrtum ist.

Das bisher modische Kleidungsstück wandelte sich zu einem dämonischen Teil mit geheiligtem Nimbus. Kaum eine Zeitung, die sich nicht daran abarbeitete. Es gab die perfekte, weil so augenscheinliche wie gefällige Projektionsfläche aller antisemitischen Phantasmagorien ab. Der Sommer des Hasses richtete sich gegen alles, was mit modischer, schöngeistiger Kultur in Verbindung gebracht wurde. Am 10. Juli 1938 schreibt das *Welt-Neuigkeits-Blatt*, das sich während des Ständestaates *Zeitung für den Mittelstand* nannte und nunmehr, seit der Ausgabe vom 6. April 1938, den Untertitel *Aelteste arische Tageszeitung Wiens* führt, in der Rubrik *für unsere Frauen*:

*Ferienfreuden im Dirndlkleid. Das Dirndlkleid ist aus der Sommer- und speziell aus der Feriengarderobe der Frau*

Kaum war Österreich Teil Nazideutschlands, grüßten Dirndlfrauen in politgerechter Manier.

*nicht mehr wegzudenken. Es hat seine Kleidsamkeit und seine praktische Bewährung bei uns deutschen Frauen so oft und überzeugend unter Beweis gestellt, daß auch die internationale Mode erkannte, wie reizvoll bei all diesen trachtenmäßig beeinflussten Kleidern das Nützliche mit dem Kleidsamen verbunden war. »Dirndl« war bald letzter modischer Schrei, es gab sehr viel hübsches darunter, aber die Auswüchse an Geschmacklosigkeiten ließen leider auch nicht auf sich warten. Erst allmählich räumte man in der Mode dem Dirndl den Platz ein, der ihm gebührt, nämlich äußerlicher Ausdruck für ferien- und wochenendfrohe Stunden zu sein. Die hübschen, lustig bunten Stoffe, die zum Teil noch mit Mustern nach alten Trachtenmotiven bedruckt werden, tragen das ihre dazu bei, die Freude der Frauen am Dirndl zu steigern, und ein Verdienst der Mode ist es, daß wir heute Dirndlkleider und Jacken tragen, die sich im Schnitt und Form wohl an die alten Volkstrachten der süddeutschen Gebirgsländer anlehnen, jedoch soviel eigenen Stil haben, daß sie nicht als schlechte lächerliche Kopie dieser Trachten wirken.*

Die Illustration zu diesem *Ferienfreuden im Dirndlkleid*-Artikel zeigt das (vermutlich) erste Fräulein mit ausgestrecktem Arm zum Hitlergruß. Andere Zeitungen, wie zum Beispiel die *Freie Neue Presse* präsentieren zeitgleich Modelle von ausgesprochenem Chic. Sehr untypisch, sogar eine rauchende Frau in Kleid mit Stöckelschuh und mit Hut.

Im Zentrum des internationalen Dirndlchics, in Salzburg, lassen sich die Politfunktionäre ein »Verbot« einfallen. Mit Juni 1938 spricht man, indem man sich auf ein Landesgesetz beruft, einen Bann über das *Judendirndl* aus, der landesweit gelten sollte:

*Die Landeshauptmannschaft Salzburg verlautbart, daß das am Samstag von der Polizeidirektion für den Bereich der Landeshauptmannschaft Salzburg erlassene Verbot über das Tragen von Landestrachten durch Nichtarier für den ganzen Gau Salzburg gelte.*

In dieser Nummer, nur einige Seiten vorher begrüßte der antisemitische Schreiberling exzessiv das Verbot.

*Es war einmal – denn mit rauher Hand hat jetzt der Polizeipräsident von Salzburg dieses Idyll* [das Wandern, Flanieren, das Sommerfrischeln, Anm. E. W.] *zerstört. Es ist die Hoffnung aller, daß das Judendirndl- und Judenbuamverbot auf alle österreichischen Gaue ausgedehnt wird. Höchste Zeit ists! Soll unser Alpenland von geschniegelten Pseudodirndln überflutet werden? Ist man verpflichtet, dickbäuchige Silberfingers und Goldsteins, alpin verkleidet, lustwandeln zu sehen?*[5]

Es war mehr als nur eine politische Aversion, es handelte sich um blanken Hass, der sich fortan in Dirndl und Lederhose kleiden sollte. Diesem schloss sich *Das Schwarze Korps*, das offizielle Organ der SS, an. Dieses veröffentlichte eine inzwischen wohlbekannte Karikatur mit dem Spruch *Die einzige Tracht, die man solchen Typen zugestehen soll, ist eine Tracht Prügel.*[6] Das Land Salzburg schien in besonderer Weise davon erfasst. An der Herausbildung eines ganz bestimmten Trachtenbildes hatte eine durch und durch nationalsozialistische Salzburgerin, von 1969–1979 Direktorin des Museum Carolino Augusteum, Friedricke Prodinger (1913–2008) kräftigen Anteil. Ihr Engagement in Sachen völkischer Tracht bewies sie, indem sie die Salzburger Landeszeitung anschwärzte. In einem Brief vom 12. September 1939 an den *Pg. Dr. Helmut Amanshauser, Leiter der Arbeitsgemeinschaft für deutsche Volkskunde*, schrieb sie:

*Ich übersende Ihnen in der Anlage die geschmacklose Bilderreihe der Salzburger Landeszeitung vom 10.9.39. Vielleicht könnte die Arbeitsgemeinschaft für deutsche Volkskunde einmal ein Machtwort sprechen, daß solcher Kitsch nicht von unserer Parteizeitung weitergegeben wird, wenn sich schon der Unfug, alle möglichen Tyrolienne-Missgeburten als Salzburger Dirndl oder gar »Tracht« zu bezeichnen, so unausrottbar eingenistet hat.*

Die am Ende ihres Lebens mit Orden des Landes hochdekorierte Ex-Direktorin zürnte weiter.

*Um diese Abkömmlinge jüdischer Weissen Rössel-Mache endlich unterzukriegen, ist meines Erachtens nur eines wirksam: daß nach Art der Volkskunde-Museen in Graz und Innsbruck die massgebende volkskundliche Salzburger Autorität eine Plombe schafft, und wirklich guten und volksechten Erzeugnissen verleiht. Alle anständigen Salzburger würden froh sein, endlich eine Richtschnur zu fin-*

*den, die aus dem Wust konjunktursüchtiger Erzeugnisse heraus zu unserem volksechten Trachtengut führt.*[7]

Die Anspielung auf die *Weisse Rössel-Mache* zielte auf die Brüder Wallach aus München, die die 1930 in Berlin uraufgeführte Operette *Im weißen Rößl* mit ihren Kostümen ausgestattet hatten und auf diese Weise den lokalen Hype um das Dirndl in die Welt hinaustrugen. Frau Prodinger aus Salzburg kann man getrost zu jenen antisemitischen Vasallinnen zählen, die zusammen mit anderen gegen das jüdische Dirndl ins Feld zog und die Erzählung vom »richtigen« Dirndl nachhaltig verbreitete. Die zentrale Figur jedoch war erwähnte Gertrud Pesendorfer, auch weil sie nach 1945 ihren Brüdern im Geiste als Vorbild diente. Werfen wir einen Blick auf die Stilkunde von Tracht und Dirndl, dann muss man ihr abseits vom politischen Dogma das Verdienst der Einführung einer *gezähmtem Erotisierung* (weißes Blüschen, weiße Stutzen und sauber geknüpftes Mieder)[8] zugutehalten. Pesendorfer erkannte, dass dem alten, schweren, behäbigen, der weiblichen Figur wenig schmeichelhaften Trachtenzeug das Stündlein des Abschieds geschlagen hatte. [...] *im späteren Verlaufe hatten sich die Trachten einerseits unter dem kirchlichen Einfluß, andererseits durch Vermengung mit städtisch-modischen Formen verdüstert.*[9] Der Seitenhieb auf die Kirche gehörte bei den Nazis wie das Amen im Gebet dazu, und doch war es mehr als eine Phrase. Sie empfand das moralische Gesetz der Kirche, kein Dekolleté oder nackte Haut zeigen zu dürfen, als Last und Grund, dagegen anzugehen. So verdanken wir ihr, dass sie eine gedeckte Form der Erotik und der kreuzbraven Harmonie in die von ihr als *erneuerte Tracht* bezeichneten Dirndlstücke als neuen Modestil proklamierte. Fortan gab es mit den Büchern und der volksbildnerischen Trachtenberatung durch die Tirolerin neue Gebote, die die Rocklänge, die Frisur, weiße Stutzen und weiße, kurzärmelige Blüschen, eine *geschmackliche Linie* à la Pesendorfer, zum absoluten Maß erhob. Ihr verdanken wir neue Trachtenlandschaften, die es vorher so nicht gab und schon gar nicht als geschlossenes Trachtengebiet. Während ihrer Umgestaltung gab sie eine Reihe von Büchern heraus. Diese eint eine adrett-brave Bildsprache, die eine Trachtenzeichnerin in ihren Diensten für sie anfertigte. *Frei und in gesunder Kleidung wird sich das neue Bauerngeschlecht bewegen. Schnürleiber, tieffaltige, zentnerschwere Röcke, Ungetüme von Hauben werden unsere Bäuerinnen nicht mehr belasten. Ebensowenig werden sie sich aber dem Diktat einer stets wandelbaren Mode beugen, die niemals dem bäuerlichen Lebenskreis Rechnung trägt, die dem Land immer nur ihre zurückgebliebene Ware anbietet, ohne für die Güte in irgendwelcher Art Gewähr zu bieten,*[10] war da zu lesen. Demokratiepolitisch ist der Auftritt Frau Pesendorfers in der Kostümgeschichte ein Drama, da das von ihr verhängte Dogma zu einem andauernden Diktum führte, modisch-stilistisch besehen würde man heute von einem gelungenen Relaunch sprechen. Die lange Reihe jener Trachtenverbändler, die nach dem Vorbild von Frau Pesendorfer nach 1945 Trachtenmappen für ihre Region ersannen, war beachtlich, daher ist der modische Gewinn ihrer Neuerungen nicht unabhängig vom politischen Dogma zu trennen. Ihre Nachfolger tradierten sklavisch die ethnische Bedeutung des Kostüms weiter. Ein sorgsamer Blick auf die gesellschaftlichen Bedingungen hätte genügt, um zu erkennen, welchen Wandel das gute Stück genommen hat. Der Mythos von den deutschen Bäuerinnen, die in ihrem *volksechten* Gewand zu Zeuginnen charakterlicher Integrität würden, korrespondierte bereits zum Zeitpunkt ihrer Erfindung nicht mehr mit der Realität. Die wenigen Bauern, die es noch gab, waren froh, sofern sie nicht Teil der aufrechten pangermanischen Mythologie waren, das alte schwere Zeug am Leib loszuwerden. Auch die Landbevölkerung stieß nur zu gern die Tore der Modernisierung auf, wie anders wäre es sonst möglich gewesen, dass die Museen sich mit dem alten Zeug füllten, nach 1945 auch noch die Antiquitätenläden. Das Versagen der wissenschaftlichen Trachtenkundler, die ungebrochene Tradition einer gesinnungsorientierten Personalpolitik, führte zu dem, was es nunmehr an Erzählung abzuschaffen gilt: nämlich, dass das Dirndl in die Reihe modischer Phänomene zu stellen ist und es ethnischen Wesensmerkmalen folgt. Zu behaupten, die Mode sei schuld am Untergang des »echten« Gewandes, sie *entstelle* auf *verwaschene, süßlich maskierende* Weise das Kleidungsstück, so die Tiroler Trachtenliebhaberin in ihrem Buch über *Neue Deutsche Bauerntrachten Tirol*, wird ja bedenklicherweise immer noch geglaubt und rezitiert. Tatsächlich war die Einführung des Dirndls nicht nur eine logische Folge der Fortentwicklung von Ressourcen und Techniken, es war auch ein Gewinn, eine Befreiung für jede Frau. Fern aller Ideologie gilt, was ein italienischer Dichter namens Francesco Petrarca (1304–1374) über fünfhundert Jahre vorher bereits befundete, Mode und Tod seien Geschwister, untrennbar und auf ewig miteinander verbunden. Die Dämonisierung der Mode gehört ungebrochen zum Lobgesang derer, die damit die Wertehaltung diffuser Vorstellungen von abendländischer Kultur zu verteidigen bemüht sind. Dieser Barden Loblied meint damit jedoch stets die deutsche Kultur, nicht die Errungenschaften romanischer Kulturen wie die Französische Revolution, den Dichterkanon Spaniens, Italiens, Englands, Frankreichs usf., die Kleidermoden dieser Länder. Anders als behauptet, oftmals von jenen, die nur zu gern die Verteidigung der eigenen deutschen, und deutsch meint auch österreichisch, Kultur antreten und sich deswegen in den Trachtenjanker werfen, lehrt uns der Fortgang des Lebens, dass *das Volk* eben keinen *geschichtlichen Auftrag* zu erfüllen hat, wie Martin Heidegger in einer seiner übelsten Verirrungen mit dem Titel *Die Selbstbehauptung der deutschen Universität* von 1933 meinte.[11]

Der Abschied von Tracht sollte endlich als Errungenschaft gefeiert werden. Die dick verschnürten Weiberleute hatten ein Recht auf Selbstbefreiung. Die Lust, sich zu behübschen, der sich wechselnden Mode anzuschließen, Neues zu probieren, gar sexy sein zu wollen, gehört zu den Grundrechten der Freiheit des Individuums. Daher ist die konformistische Trachten- und Dirndlkultur der Verbandstrachtler in den Ländern Deutschlands und Österreichs als Praxis abzulehnen, beziehungsweise als das auszugeben, was sie ist: eine historisch falsche Vorstellung der Kostümgeschichte und hauptsächlich Stütze deutscher Gesinnungskultur – auch als Leitkultur bekannt – zu sein.

Im Winter des Jahres 2019 meinte eine Trachtenfrau aus dem für seine Trachten inzwischen[12] berühmten Südtiroler Sarntal bei einer Veranstaltung der Vereinigten Bühnen Südtirols und der Europäischen Akademie, sie fänden kaum Nachwuchs in ihrem Verein, weil keine der jungen Frauen bereit wäre, die so genannte, während der Nazizeit als *passende* Trachtenfrisur prononcierte Gretelfrisur zu tragen – dazu braucht man langes Haar, dessen zwei Zöpfe das Haupt umrunden. Damit offenbarte sie, was wir inzwischen wissen: Tracht lebt von einer Legende, diese wiederum unterwirft sich einem kritiklosen ideologischen Regelwerk zum Zwecke der Durchsetzung politischer Interessen. Sie ist damit ein frauenfeindliches Kleidungsstück, das so freiwillig wie möglich getragen und so eigenwillig wie möglich ausgestaltet sein sollte.

## Frisur

Die richtige Frisur zur richtigen Zeit war bereits den antiken Römerinnen ein Anliegen. Der Bubikopf, so vielfältig ihn die Figaros zu schneiden wissen, galt egal in welcher Variante, ob altdeutsch oder italienisch, als No-Go bei den Dirndl- und Trachtendogmatikern. Daher finden sich in den Trachtenbüchern hauptsächlich blonde, gezopfte junge, oder blonde, à la Gretlfrisur gezopfte Frauen dargestellt, entsprechend den damals geltenden rassischen Merkmalen. Die Gretlfrisur wurde bereits in der Mitte der 1920er-Jahre zum Dirndl zu tragen empfohlen. Hauptsächlich die Verbandstrachtler hielten noch bis weit in die Nach-68er-Jahre hinein an dieser Frisur fest. Die wohl bekannteste Dirndlträgerin ohne Gretlfrisur, aber mit flottem Bubikopf, war Eva Braun, das Gespons Adolf Hitlers. ◀

»Gretlfrisur«, sie galt und gilt als »typisch« und »artgerecht« zu Tracht und Dirndl.

# MIT ALTEN MITTELN, EWIGE WIEDERKEHR ODER: WIE BANNT MAN GEISTER?

Als der Politiker Andre Poggenburg (AfD) aus Sachsen-Anhalt am Aschermittwoch des Jahres 2018 in Pirna bei einem seiner Auftritte einen industriell gefertigten, schlecht sitzenden Trachtenjanker trug und dabei über die Türken als *Kameltreiber* herzog, wollte er, der sonst wie andere Politiker nur Anzüge trägt, uns damit etwas sagen. In Österreich, dem Paradeland zur Erzählung von der zeitlosen und wertgesättigten Tracht, gab es seit Dezember 2018 jene türkis-blaue Koalition, die einen Kulturkampf um Heimat führte und wo die Schwesterpartei der AfD im Geiste, die FPÖ, bereits seit Jahren mit Trachtensujets Wahlkampf führte. Im Jahr 2017 hatte sich in Deutschland die AfD mit einem Trachtenmotiv lächerlich gemacht, indem sie, ziemlich sicher unfreiwillig, dem von Trachtenideologen verbissen vertretenen Trachtendiktat nicht gerecht wurde. Die von ihnen präsentierte Vertreterin der deutschen Werte-

Das Sujet der AfD vermischte Stilelemente von Tracht und Dirndl
und zog sich damit den Zorn der Puristen zu.

gemeinschaft, eine deutsche Frau in Bollenhut, war in den Augen der Puristen »falsch« dargestellt. Anders als es diese »vorschreiben«, trug die Frau ein für den Kenner billig aussehendes, tief dekolletiertes Dirndl mit einem auf den ersten Blick von der Silhouette als typisch geltenden Schwarzwälder Bollenhut. Der Spott der CSU-konservativ orientierten Trachtler aus den Vereinen war ihnen damit gewiss. Sie, die Tracht zu einem Stilmittel im politischen Kampf um die Deutungshoheit deutscher Leitkultur nutzen, bewiesen damit ihre Unkenntnis auf dem imaginierten Schlachtfeld. Wenn nun Poggenburg beim Faschingstreiben, dem politischen Aschermittwochsjahrmarkt, einen an den steierischen Landestrachtenanzug orientierten Trachtenjanker in Grau mit grün paspelierten Taschen trägt, dann kommt dies gesinnungspolitisch einem grenzüberschreitenden Offenbarungseid gleich. Als »politischer Aschermittwoch« von der CSU ersonnen (als historischer Bezug gilt der Rossmarkt in Vilshofen des 16. Jahrhunderts), breitete er sich in den letzten zwei Dezennien als deftig-süffige Polterei über die Landesgrenzen hinaus aus. Dieser Tag dient der Lobpreisung der politischen Wahrheit nebst der Betonung der eigenen kulturellen Besonderheiten und daher wird der Trachtenjanker an diesem Tag zum ernsthaften Attribut deutschen Willens.

Genügte in so einer Situation das Sakko eines Anzuges, das allein dem Selbstzweck, sich standesgemäß zu kleiden, dient, nicht auch, ließe sich einwenden. Nein, denn der Trachtenfrack leistet zweifelsfrei mehr an Information, er ist Sinnbild einer Art Volksnähe.

Als Medium einer politischen Proklamation nun ist Tracht, nach mehr als 80 Jahren, wieder zu dem geworden, was sie schon mal war: Symbol eines Ethnopopulismus und Zeichen von verallgemeinerndem deutschen Traditionsgut zum Zwecke der Ausgrenzung jener Staatsbürger und Einwohner, die nicht so sind. Sebastian Kurz (Neue ÖVP), Markus Söder (CSU), H. C. Strache (ehemals FPÖ) und neuerdings die Grünen ziehen sich einen Trachtenjanker über, nur um eine imaginierte Ebene der Gesinnung mit dem Stimmvieh herzustellen. Sie politisieren Kleidung, sie nutzen Tracht anlassbezogen wie eine Sprache aus (vermeintlich) vergangenen, dunklen Zeiten.

Es ist der Lärm einer ganz bestimmten Gesinnung, die auf den Pfaden einer politisch-historischen Erzähltradition wandelt und die sich in diesem Janker verdichtet. Zusammen mit dem Bierkrug ist so ein Trachtenjanker eine Chiffre für eine spezielle Geisteshaltung, die man nur zu gern als Teil eines normativen moralischen Wertekataloges sieht, der nichts als der Distinktion dient. Da sie auf das gute Stück allein in bestimmten Situationen zu speziellen Anlässen zurückgreifen, nämlich beim Besuch und direkten Kontakt mit dem, was sie mit Impetus »Volk« nennen, oder bei besonders stammtischträchtigen Plaudereien, ist derlei Gewandung ohne Vorbehalt als Gesinnungskleidung zu taxieren. Ähnlich wie die Erweckung des Volkes im ausgehenden 18. Jahrhundert erfolgte, wo der kaiserliche Hof sich während der ländlichen Sommerfrische in stilisierter ländlicher Kleidung als scheinbar Gleiche unter Gleichen zu produzieren suchte. Dieser Ethnofolklorismus ist mittlerweile Standard im Marketinghandbuch rechtskonservativer Parteien und wird von jenen Fachleuten honoriert, die bei Kritik am Stück schmerzverzerrt meinen, *leider wurde Tracht von den Nazis instrumentalisiert* und glauben machen wollen, dass dies heute anders sei.

Da nachgewiesenermaßen Tracht im Zuge der nationalsozialistischen Volkstumsideologie als Zeichen deutscher Stammeskultur lanciert wurde, lebt sie besonders in Verbindung mit der Proklamation ethnischer Kulturpolitik, sprich neuerdings von Leitkultur, auf diese Weise ungebrochen im Sinn weiter. Als sich der Kandidat der Grünen Österreichs im Wahlkampf zum Bundespräsidenten im letzten Moment – nämlich vor der Stichwahl – gegen den gewohnt trachtenbewehrten Freiheitlichen Kandidaten auch in ebensolche Kostümierung warf, war das Staunen bei freigeistigen Menschen groß. Die Tiroler Heimatgemeinde indessen sah den verlorenen Sohn endlich wieder in den Schoß der Familie zurückgekehrt. Die oppositionelle Wirtschaftspartei NEOS forderte augenblicklich eine Erklärung, was den Kandidaten veranlasste, sich zu bekennen. Gefährlich unwissend meinte dieser, der Trachtenjanker sei die *angemessene Anpassung an das, was vor Ort üblich ist.*[1] Der um jede Stimme heischende Aspirant suchte nach Rechtfertigung, wo im Kern nur Ideologie zur Verfügung steht. Indem er den NEOS ausrichten ließ, er käme schließlich aus Tirol und indem er argumentierte, *natürlich bin ich Städter. Aber ich komme vom Land. Das haben viele vergessen,* rekurrierte er auf die frühere antisemitische Trachtdeutung, wonach ein Trachtenjanker mit bäurischer Landkultur in Beziehung zu denken ist.

Doch derart typisch, wie der Kandidat angab, ist der Trachtenjanker nicht, dies muss an dieser Stelle akzentuiert werden. Aus eben diesem koketten Spiel resultiert die Tradierung einer folgenschweren kulturellen Unbedarftheit, die alles andere als unpolitisch ist. Diese Art von Kleidung war zuletzt in der Zwischenkriegszeit unbeleckt in Gebrauch und zwar bis zur Entdeckung von Tracht als programmatischem Schwert. Von der NS-Kamarilla in Umlauf gebracht, haben viele die Gleichung Stadt = Moderne (Heimatlosigkeit), Land = Tracht-Tradition (Heimatfähigkeit) derart verinnerlicht, dass sie diese völlig kritiklos wiedergeben. Obwohl eine »Umnutzung« für den Anwärter im Wahlkampf ein ideales Argument gewesen wäre, um das Neue im Janker zu lancieren, unterblieb diese Chance durch den Rückgriff auf alte Argumente.

Es gibt nämlich mittlerweile tatsächlich Revolten, die dieses Kleidungsstück umnutzen, mit neuen Erzählungen ausstatten, es demokratisch umdeuten. Die feministische Bewegung *Reclaim The Dirndl* wäre so ein Beispiel, oder die Schwuhplattler – eine schwule Gruppe von Schuhplattlern aus München. Die *Reclaim The Dirndl*-Frauen machen der trachtenverliebten Republik vor, wie veränderte Sinnstiftung funktioniert. Auf legere, pfiffige Weise kreieren sie ihre eigene zeitgemäße Dirndlkultur, indem sie ihre Dirndlschürzen, wie bei den kreuzkonservativen, vereinsmäßig organisierten »Pflegerinnen« der Tracht üblich, im Kollektiv zusammenhockend besticken. Allerdings tun sie dies nicht mit frommen Zitaten, sondern vielmehr mit subversiven Sprüchen. Sie eignen sich an, was sonst nur von der überkommenen Vereinskultur der Traditionsverbände her tradiert ist: Dirndlabende zu veranstalten und in einer den rechtstendenziösen Gewohnheiten entgegengebürsteten Manier zu praktizieren. Anders als im Trachtenverband, wo eine gewisse deutsche Strenge im Dienst der selbstersonnenen Tradition der Tiroler Trachtenbeauftragten noch immer geltendes Recht ist, haben die Frauen von *Reclaim The Dirndl* richtig Spaß, während sie ihre Schürzen mit Statements wie *lieber fkk als fpö, no border no nation, widerstand, oida!, fck nzs, unsere tradition = widerstand* oder *never let the fascists have a dirndl, friede freiheit feminismus, das patriarchat ist fad* besticken. Die Distinktionskamarilla der Traditionsköche in den Vereinen bestraft derlei mit Ignoranz, doch spurlos bleibt sie keineswegs. Hinter vorgehaltener Hand zürnt man den Frauen.

Die österreichische Attac-Bewegung wiederum nutzte im Jahr 2018 das Dirndl und dessen Schürzen, um einen fröhlichen Wandertag mit dem türkis-blauen Kanzler zu konterkarieren. Sie lüpften vor dem Kanzler ihre Schürzen, eine an sich laszive Geste, um ihn mit der 12-Stunden-Verbotstafel zu konfrontieren – führte die Türkis-Blau-Koalition kurz zuvor unter Protesten doch den 12-Stunden-Tag wieder ein.

Das Spiel mit Tracht und Dirndl war seit den ersten Tagen der frühen Demokratisierung und insbesondere in den 1920er-Jahren ein Vergnügen, das sich kunstsinnige oder andere freigeistige Menschen erlaubten. Davon endeten viele in den Konzentrationslagern. Die enge Verbindung zwischen Nationalsozialismus und Volkskultur führte daher bei Intellektuellen und Modernisten nach dem 2. Weltkrieg zur Ablehnung von Volkskultur. Obwohl die Österreichische Wirtschaftskammer viel Geld in die Hand nahm, um die Identität des jungen Österreichs über den Weg einer harmlosen, süßen Dirndlkultur zu stärken, beging sie den kapitalen Fehler, dabei auf höchst belastete Personen zurückzugreifen. Jene Trachtenmappen, die das kulturelle Regionalbewusstsein stärken sollten, führen allesamt den gleichen Grundton mit sich. Oberösterreich war mit Franz Lipp (1913–2002)[2] vertreten, sein Eintritt in die NSDAP führt den 1. Mai 1938, er widmete sich im SS-Ahnenerbe dem *Forschungswerk »Wald und Baum in der arisch-germanischen Geistes- und Kulturgeschichte«*. Lipp gilt noch immer als unantastbare Figur Oberösterreichischer Kulturgeschichtsschreibung. In ihm fand das Dogma von der »echten« Tracht einen geschätzten Erzähler, sein Einfluss strahlte auf das benachbarte Niederösterreich aus, er schrieb die Empfehlungen im Folder zum so genannten *Niederösterreich-Anzug*. Seine Diktion war dieselbe wie die seines Vorbildes in Innsbruck, G. Pesendorfer, und die seines Parteigenossen Kuno Brandauer (1895–1980), oder die des ebenso vorher wie nachher aktiven Ernst Burgstaller (1906–2000), der auch als *Pionier* und *Doyen der oberösterreichischen Volkskunde* gilt. Brandauer war bei der Fertigung der Salzburger Trachtenmappe federführend, ein antiösterreichischer Nationalsozialist der ersten Stunde, ein so genannter Illegaler, der sich und anderen in der neuen alten Rolle gefiel. Selbst gibt er an, am 18. November 1931 in die Partei eingetreten zu sein – alle Belege zu genannten Lehrmeistern sind in Archiven auffindbar.

## Briefmarken

Den Repräsentationscharakter von Tracht weiß auch die staatliche Post zu nutzen. Die Österreichische Post erließ seit Bestehen der II. Republik gleich mehrmals Briefmarken mit Trachtensujets. Dabei wird nur zu gern auf das Klischee von aussagekräftigen Trachtenlandschaften zurückgegriffen, zuletzt im April 2016 und im Juni 2018, alldieweil garniert mit einem Text, der die Faselei der Erfinderinnen der *erneuerten Tracht* wiederholt. Kostümhistorisch falsch, vor allem politisch höchst bedenklich, wäre daher der Verzicht darauf kein Fehler. ◂

Wo Tracht als nationales Symbol gilt, ziert sie schon mal Briefmarken.

## Geld

Mit dem symbolischen Wert von Geld verhält es sich wie mit der Briefmarke. Es eignet sich hervorragend zur symbolisch nationalen Demonstration. Dies erkannte das auf nationale Selbstbehauptung konzentrierte Österreich der 1930er-Jahre und erließ einen Geldschein mit einer stolzen Trachtenfrau darauf abgebildet. Die Oesterreichische Nationalbank gab 1934 eine 10-Schilling-Note heraus. Der Entwurf kam vom Künstler Arthur Brusenbauch. Die Beschreibung durch das Direktorium der Nationalbank dazu lautete: *Die Banknote der Oesterreichischen Nationalbank zu zehn Schilling vom 2. Jänner 1933 hat ein Format von 70 mm Breite und 125 mm Höhe und ist beidseitig mit Kupferdruck in blauer Farbe auf weissem Papier gedruckt. Das Bild der Vorderseite, als Hochformat gedruckt, zeigt in der oberen Hälfte einen mit einer Haube geschmückten Kopf einer weiblichen Figur; im Hintergrunde derselben befindet sich die Ruine Aggstein mit dem Donautal und darüber in der linken Ecke, die Zahl 10 auf einer Guilloche.* [...] *Die Rückseite der Banknote trägt, ebenfalls als Hochformat gedruckt, in den vier Ecken die Zahlen 10, welche rahmenartig links und rechts durch Gewinde von Blumen und Früchten, oben durch das Staatswappen und unten durch einen Schild, das den auf die Nachahmung bezughabe den Text enthält, verbunden sind. In der oberen Hälfte der Rückseite ist der Grossglockner sichtbar, während die untere Hälfte die Zahl 10 auf einer Guilloche, sowie die Serien- und Nummernbezeichnung aufweist.*[3] In einem Akt der Nationalbank war vermerkt, dass die Bank die Note früher als geplant in Umlauf bringen wollte, da ein neues Staatswappen geplant sei und *es wohl nicht gut angängig* [wäre] *eine Note mit dem alten Wappen neu in Verkehr zu bringen; andererseits würde der Bank ein bedeutender Schaden erwachsen, wenn sie genötigt wäre, die bereits in grosser Zahl fertiggestellten neuen 10 Schillingnoten zu vernichten.* Genehmigt wurde die Umlaufsetzung dann in der Generalratssitzung vom 4. April 1934. Am 9. April kam die Trachtenfrau des Malers Brusenbauch dann in Umlauf. Der Öffentlichkeit wurde dies einen Tag vor In-Umlaufsetzung in der *Wiener Zeitung* mitgeteilt. Die 10-Schilling-Note von Arthur Brusenbauch lief als sogenannte Interimsnote mit 29. Mai 1945 noch bis zu ihrer Einziehung am 15. September 1949. ◂

Es ist weder notwendig noch möglich, an dieser Stelle detaillierte Kritik zu üben, verschwiegen werden darf es aufgrund der formidablen Einflussnahme auf das Aussehen von Tracht aber auch nicht. Sie alle vereint folgendes Ansinnen: Zum einen ist da die Absicht, Tracht als rigid gestaltete Uniformierung für ein ethnisch und kulturell zusammengehöriges Kollektiv zu prononcieren, zum anderen koppelten sie das anthropologische Bedürfnis nach Mode im Individuum von diesem ab. Weiters projizierten sie Charaktertugenden auf das Stück. Indem sie Direktiven ausgaben, Tracht wie eine Uniform zu gestalten, tradierten sie nahtlos eine Ideologie.

Nach 1945 erfand ein NS-erprobter Trachtenkundler in der Tradition politischer Programmatik den Landesanzug für Landesbeamte.

Dies trieben sie so weit, dass sogar Zentimetermaße und die Anzahl der Knöpfe verbindlich vorgegeben wurden. In einem Folder zum Landesanzug der Niederösterreicher gibt Lipp folgende Order aus: *Der Ärmel hat am Handgelenk einen 7 cm langen Schlitz und wird mit 2 Knöpfen versehen.* Oder, *[d]ie Kanten sind nicht passepoiliert. 3 bis 4 schwarze Hornknöpfe* usf. Lipp und Konsorten uniformierten die Tracht in einem paramilitärischen Sinne, alles mit dem Ansinnen, einer deutsch-österreichischen Identitätspolitik zu dienen. Ohne gesellschaftliche, ästhetische, ökonomische Kategorien zu berücksichtigen, flickten sie sich irgendwelche historischen Kleiderherkünfte zusammen. Daher ist anzunehmen, dass das Gerede um Österreichs und Südtirols – Südtirol wird so, als hätte nie eine Grenzänderung stattgefunden, mitgedacht – Trachtenlandschaft die vermutlich am längsten funktionierende Flunkerei der Kostümkunde ist.

Das *Ehrenkleid der Heimat*, so Kuno Brandauer, feiert neuerdings fröhliche Tage, auch Österreichs Kanzler und der ehemalige Vizekanzler tragen es. Es ist nicht von der Hand zu weisen: Dieses Phänomen muss in Zusammenhang mit der Erstarkung rechter Kräfte in Österreich und Deutschland gedeutet werden. Anders als in nichtdeutschen Ländern, wo Tracht zugunsten modischer Kleidung aufgegeben wurde und kaum mehr eine Rolle spielt, oder Tracht politisch weniger symbolisch besetzt ist, pflegt Österreich mit der Trachtenjanker-Kultur einen neo-rechten Gestus, der historisch beleuchtet nur als unseriöser Schwindel zu bezeichnen ist und als Mittel zur sozialen Distinktion gilt.

## Dirndl Tricolore I

Wie sehr das Dirndl mit deutscher Kultur assoziiert wird, zeigt ein politischer Vorfall aus dem Jahr 2011. Zum 150-Jahr-Jubiläum der Einheit Italiens trug eine Politikerin beim Polizeifest in Bozen ein Tricolore-Dirndl. *L'abito tradizionale sudtirolese dal nome impronunciabile*,[4] ein traditionelles Kleidungsstück Südtirols, dessen Namen Italiener nicht auszusprechen vermögen, wie in einer italienischen Tageszeitung zu lesen war. Es ist nicht ganz von der Hand zu weisen, dass dieses Dirndl von italienischer Seite vorsätzlich als Provokation eingesetzt worden sei. Jedenfalls zeitigte es diese Wirkung. Die deutschsprachigen Landespolitiker empfanden es als Affront und nannten derlei geschmacklos, *ridicolo/lächerlich* und die Idee generell widerlich. Während die italienische Seite in der Person des Polizeidirektors *orgolgioso/stolz* darauf war, mit dieser Geste Südtirol symbolisch in die Einheit Italiens aufgenommen zu haben. Zur Façon gehören: rotes Mieder, grüner Kittel, weiße Schürze, ohne Bluse. ◂

Provokation auf Italienisch. Dem »deutschen« Dirndl wird ein »italienisches« Dirndl in den Farben der Trikolore entgegengestellt.

## Dirndl Tricolore II & Chanel

Karl Lagerfeld (1933–2019) verpasste Frankreichs Rechtsnationaler Marine Le Pen ein Dirndl in den Farben der französischen Trikolore und schrieb dazu, *ich fahre nach Berchtesgaden, um die Reste des Berghofs zu besichtigen … Meine Freunde aus Österreich haben mir sehr dazu geraten.*[5] Das Kontinuitätsdenken von Dirndl-Nazi und Dirndl-Deutsch nutzt der Couturier zur Kritik an Frankreichs Rechter. Façon: Mieder in Blau-Weiß-Rot gestreift, Kittel schwarz, Bluse weiß, Schürze blau. Lagerfelds Beziehung zur Trachtenmode zeigt auch eine freundliche Seite, die seiner Freundschaft zum Haus Lanz geschuldet ist. Die edelste Trachtencouture kreierte er fürs Haus Chanel. Gezeigt wurde sie in einer Métier d'Árt-Collection für Chanel 2014/15 auf Schloss Leopoldskron in Salzburg. Online abrufbar: https://www.youtube.com/watch?v=4X86geNxxlA&app=desktop ◀

Tracht als österreichisches Kultursymbol einer alldeutschen Kultur zu lesen, hat, eben weil diese Erzählung so konsequent über all die Jahre misslicher Geschichte erfolgte, inzwischen sogar die Kulturkampfdebatte außerhalb der Landesgrenzen erreicht. In Teilen trifft dies auf Deutschland zu (AfD) und auf Italien mit Südtirol.

Anders als in Deutschland, wo die regionalspezifische Pflege der CDU erstens prinzipiell einer auf dem Grundgesetz beruhenden Kulturvision unterliegt, und zweitens die Regionalverbände ihre lokal gebundene (Volks-)Kulturpolitik veranstalten, liefert Österreichs Kanzlerpartei eine Universalidee von nationaler Kultur. *Unsere Österreichische Identität bewahren* steht in Türkis-Weiß auf dem Onlineportal der Partei und verbreitet die Vorstellung von *reiner* kultureller Identität in kausalem

Zusammenhang mit nationaler Abgrenzung.[6] Die alte Volkspartei (ÖVP) in Österreich wurde, und das hat für politisch geschulte Köpfe einen leichten Geschmack, in eine *Bewegung* umgemünzt, sie hat weiters die bisher zuordenbare Farbe (schwarz) verändert und mauserte sich auf diesem Weg zu einer neuen Partei. Zu Wahlkampfzeiten (2019) initiiert sie in Anbiederung an das folkloristische Ereignis des Neustifter Kirtages in Wien, dessen Ursprung christlicher Natur ist, ein Bekenntnislaufen in türkisem Dirndl für Frauen und türkisen Stutzen und Shirts für die Männer, durch die Innenstadt Wiens. Diese Uniformierung eines als »national« gebrandeten Kleidungsstückes, die Selbstdefinition als Bewegung, der Aufruf zum gemeinsamen Lauf durch die Innenstadt, entbehren nicht gewisser Ähnlichkeiten zu Mobilisierungskampagnen autoritärer Systeme. Zwei von der Partei ernannte Trachtenexpertinnen – als Expertin gilt, wer das alte (falsche) Lied vom »echten« Kleidungsstück weitererzählt und sich als enthusiasmierte Liebhaberin geriert – waren mit einer Nähmaschine und den passenden türkisen Accessoires zur Stelle, um das gute Stück aufzumotzen. Der Service, der Aufruf, generell die logistische und geistige Lenkung, verdichten im Dirndl, was die Bibel aller Rechtsdenker, das Buch von Henning Eichberg mit dem Titel *Nationale Identität* Ende der 1970er-Jahre und der heutigen Rechtssinnierer immer schon proklamierte: den Untergang der eigenen Kultur stoppen zu wollen, indem man historisch diffuse kollektive Sinnbilder bemüht, Bedrohungsszenarien aufbaut, um einen imaginierten Kulturkampf zu beschwören.

Dieser symbolische Kampf des Dirndls und der Lederhose gegen die oft bemühte *Entfremdung und nationale Frage* ist nur zu gerne auch an die Frage nach der *nationalen Identität* geknüpft. Marschieren alle in türkis drapierten Dirndln und Lederhosen mit türkisen Stutzen durch Wien, zeigen sie ihre gesinnungsreiche Kumpanei ungeschönt. Die fatale Verknüpfung eines Kleidungsstückes mit einer kollektiv normativen Geisteshaltung herzustellen (möglicherweise ist dies nicht allen bewusst), heißt nichts anderes, als eine Politik der Ausgrenzung zu forcieren. Ein Kleidungsstück als Kulturleistung zu adeln, es zur Manifestation politischer Wertehaltung und Beständigkeit heranzuziehen, bedeutet, es als Waffe einzusetzen und ist damit nichts anderes als Ideologie. Es einzureihen in den Katalog kultureller, deutscher, christlich-abendländischer Werte, die mit Beschwörungsformeln wie *Die Tracht gehört zu Bayern. Das ist Heimat und Identität. Die Tracht macht unser Land liebenswert,*[7] sticht in demokratiepolitisch heikle Nester rein. Die Tourismusmanager der ersten Stunde, die den trachtigen Menschen als landschaftlich perfekte Staffage überhaupt erst erfunden haben, hatten sicher keine politische Kampfmaßnahme damit im Sinne.

Um es pointiert auszudrücken: Die bayrische CSU in ihrem regionaltypischen Brunfthabitus und -duktus zelebriert mit ihrem alljährlichen rituellen Saufen bis zum Kotzen am Aschermittwoch und während der Zeit des Oktoberfestes einen marginalen Ausschnitt einer abendländischer Kulturentwicklung. Mit der normativen Berufung auf stereotype Symbole von Heimat und Identität irrt sie entwicklungsgeschichtlich und ist darüber hinaus noch von einer erschreckend undemokratischen Provenienz. In Verbindung mit christlicher Heuchelei ist sie trügerisch. Das Dogma von der Authentizität von Tracht, ihre Verquickung mit der Vorstellung, eine Art *Stammeskleidung* zu sein, ist einem antidemokratischen Geschichtsbild geschuldet, das die Freiheit des Individuums einschränkt. Diese Vorstellung von Kultur sollte zugunsten bunter Vielfalt aufgegeben werden.

Die Erfindung von Landesanzügen für Österreichs Landesregierungen durch die NS-Kameraden ist ähnlich antiquiert, führt sie doch eine kostümhistorisch und ideologisch falsche Erzählung fort. *Ich möchte also meine Ausführungen über den gegenwärtigen Stand des Trachtenwesens in Bayern und Österreich weder euphorisch noch allzu pessimistisch beenden, sondern einfach mit der Feststellung, daß es immer wieder Trachten in Bayern und Österreich geben wird, weil es im Wesen seiner Menschen liegt Trachten, das heißt Wesenseigentümliches, den besonderen Klang und die besondere Farbe zu lieben und auch zu bekennen*, so äußerte sich Franz C. Lipp 1977 in München, der Initiator der Landesanzüge.

Die Einkleidung oder Uniformierung vieler mit dem Ziel, Gesinnung zu lancieren, entspricht einem Grundprinzip massenpsychologischer Dynamik. Der Einsatz von türkisem Dirndlchic und türkisen Stutzen oder den türkisen T-Shirts durch die neue ÖVP bei Wahlkämpfen lässt sich auf einen von Gustave Le Bon wohl formulierten Grundsatz hinleiten, der besagt: *Ist eine Idee* [...] *end-*

*lich in die Massenseele eingedrungen, dann besitzt sie eine unwiderstehliche Macht.*[8]

Tracht und Dirndl sind in der gegenwärtig tradierten Form wegen ihrer scheinbar harmlosen Hübschheit nichts als eine Verschleierung des Bösen der eigenen Geschichte, sie täuschen über die ihnen innewohnende Gesinnung hinweg. Viel bemühte Phrasen aus der Brauchtumsecke bestätigen nur, was die Massenpsychologie schon längst weiß, *[d]ie Ideen brauchen lange Zeit, um in der Massenseele Fuß zu fassen, aber ebenso lange währt es, bis sie aus dieser schwinden.* Ihre politische Nutzung verwandelte sie von einem ästhetisch ambitionierten Kleidungstück in eine politische Anomalie.

Die Erforschung der Kostümgeschichte von Tracht und Dirndl muss daher vor dem Hintergrund demokratiepolitischer Auseinandersetzung erfolgen. Denn solange die *Reclaim-The-Dirndl*-Dirndln (Frauen) nicht auch als *typisch österreichische* Erscheinung Gehör finden, kann man ihnen angesichts der historischen Bürde, die das Kostüm mit sich führt, beipflichten, wenn sie ihre Schürzen mit *never let the fascists have a dirndl* besticken. Solange Gertrud Pesendorfers erfundene Tracht als Kleid für einheimische Frauen vorgesehen ist und darüber hinaus am liebsten nur von Bäuerinnen getragen werden sollte, jede Tracht dabei gleich gestaltet ist, muss man sie als das bezeichnen, was sie ist, als Gesinnungskleidung.

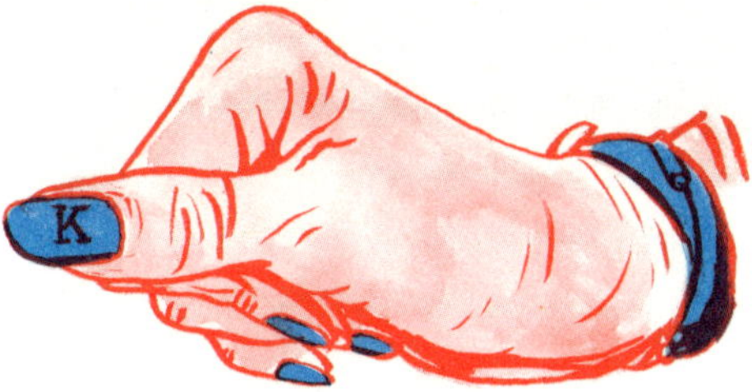

Die Türkise Partei rief 2019 zur Uniformierung auf.
Türkise Stutzen, Lederhosen war für die Männer vorgesehen und
türkise Accessoires auf Dirndlschürzen wurden von
zwei Schneiderinnen zur Verfügung gestellt.

# CLUSTERFUCK

## Dirndlkunst, Kunstdirndl im 21. Jahrhundert

Die Gleichzeitigkeit von politischer Volkskultur und freisinniger Kunst zeitigte so manche Auseinandersetzung mit dem Thema Tracht und Dirndl, eben auch, weil es im politischen Alltag Österreichs so präsent war und ist. Als einer der Ersten hatte hierzulande der Künstler Oswald Oberhuber (1931–2020) die Auseinandersetzung mit dem Kleidungsstück Dirndl gewagt. Sein Entwurf eines Dirndls namens *Berg und Tal* wurde 1987 umgesetzt, es befindet sich heute in der Kostüm- und Modesammlung der Universität für Angewandte Kunst. Anders als bei einem charakteristischen Dirndl griff er, quasi kontradiktorisch, auf edle Materialien wie stahlgraue und weiße Seide zurück. Die Auswahl der Farben erinnert an die Farben der Berge in einem Hochgebirge, weitere zitierte Stilelemente zum Thema waren geometrische Spitzen und Rundungen. Es entbehrt nicht einer gewissen Fülle im Schattenriss und ist dennoch von einer Dirndl-untypischen Schönheit im Eros. Das Dekolleté wurde in Form eines Herzes genäht, der Hüftbogen mit Fischbein versteift, die Zacken der Berge geben den Schnitt der Schürze vor. Mit dem Oberhuberschen Dirndl jongliert der Künstler, um es mit George Steiner zu sagen, mit jenem *Rest Paradies*, den *alle Historie* auch *mit sich schleppt*,[1] besonders die von Tracht und Dirndl, und mit der damals kulturkritischen Praxis, den Staub der Vergangenheit abzulegen. Oberhubers Dirndlstück ist, was das Dirndl im Selbstverständnis der Österreicher bis dahin nicht war, sowohl Modestück als auch Kunststück. Das Gewicht liegt auf Letzterem, da es nie beabsichtigt war, es seriell anzufertigen. Als Kunstobjekt gebührt ihm ein Platz, der ganz wenigen Dirndlstücken zuteil wird.

In die Reihe seltener Dirndlkunststücke gehört das Dirndl der bosnisch-österreichischen Künstlerin Azra Akšamija. Sie liefert uns ein ganz besonders feines Beispiel für ein Cross-culture-Verhalten. Anders als Oberhuber, der mit Bildern von Dirndln und Trachten um sich aufwuchs und derer überdrüssig war, war im Gegensatz dazu für die jugendliche Akšamija nach ihrer Ankunft in Österreich auf der Flucht vor dem Krieg in Bosnien der Kult um das gute Stück eine kulturelle Novität, die nicht einer gewissen Exotik entbehrte. Anlass zu Akšamijas Arbeit war eine Einladung zu einer Kunstaktion nach St. Wolfgang am Wolfgangsee im Jahre 2005. Ihre Auseinandersetzung mit Kunst und Kultur des Landes führte zu Entwurf und Realisierung der *Dirndlmoschee*. Dabei rekurrierte sie auf ein kunsthistorisch bedeutsames Bezugssystem wie den gotischen Flügelaltar von St. Wolfgang und versuchte die beiden Teile der Welt und Kultur, in der sie lebt, die muslimische Bosniens und die christliche Österreichs, sowie den kunsthistorischen und den folkloristischen Kosmos zu verbinden.

*Based on the concept of the Nomadic Mosque (see Nomadic Mosque project description) the premise of the Dirndlmoschee is the nomadic principle of assimilating certain characteristics of a place into one's own context, whereas a mutual enrichment is achieved. The Dirndl, a traditional Austrian dress, is still worn in the everyday life in some places in Austria, such as in the little town of Strobl at the Wolfgang Lake. The Dirndlmoschee can be transformed into an Islamic prayer environment that provides a prayer space for three people.*[2]

Die Struktur des weltberühmten gotischen Flügelaltars von St. Wolfgang hat sie formal für die Schürze übernommen. Ihre geometrische Ausrichtung, ihre Orientierung an Formen und Umrissen führte dazu, dass sie das Kopftuch, das lange Jahre fixer Bestandteil auch der katholischen Kleiderkultur war, auf kluge Weise integrierte. Das derzeitige Feindbild aller Islamkritiker, das Kopftuch als muslimisches Requisit des *politischen Islam*, transferierte sie kurzerhand vom Kopf zum Schultertuch des Dirndls – und erinnert damit an die lange Tradition des Kopftuches als integraler Bestandteil für Frauen in der christlichen Welt. Die Metamorphose des von Akšamija geschaffenen Kunstwerkes entzückt und entzaubert gleichzeitig. Der Crossculture-Titel *Dirndlmoschee* ist selbsterklärend, es erübrigt sich an dieser Stelle, mehr erklären zu wollen, als das Kunstwerk selbst dies vermag. Dirndlmoschee ist eine Performance, die in einem Video dokumentiert ist und so überall auf der Welt angesehen werden kann.[3]

In die Reihe jener Künstler, die sich mit der sie umgebenden »Volks-«Kultur auseinandersetzten, gehört neben den Österreichern Oberhuber und Akšamija auch Marina Abramović. Ihr schonungslos radikaler Blick lüftet eine wenig belichtete Seite zum Thema folkloristische Lebenswelten, nämlich den Eros und die Sexualität.[4] Ihre Videoarbeit *Balkan Erotic Epic* (2005) operiert mit folkloristisch-serbischen Sujets, deren zentrales, nationales Symbol Tracht ist und deren dazu passender Mythos von einer patriarchalischen Potenz und allgemeinem Aberglauben im Menschen genährt wird. Die auch im deutschen Trachtenepos tradierte Verbindung zwischen Fruchtbarkeit und Volk, Muttermythos und Männersäften pointiert sie mit ihrer Installation, indem sie das hinter der braven Kleidung verborgene erotisch-aggressive Moment des menschlichen Triebes einfach zum Vorschein bringt. Da lüpfen Trachtenfrauen auf einer Wiese ihren Trachtenrock und legen ihre Scham frei, im Kollektiv massieren sie lustvoll ihre Brüste. Stramme Trachtenmänner lassen in der Gruppe ihr Gemächt aus dem Hosenladen hängen. Das entbehrt für einen kurzen Moment nicht einer gewissen Komik, da die Männer aus der Ferne betrachtet den Eindruck erwecken, als handele es sich um einen selbstverständlichen Teil von Tracht. Im Unterschied zu pornographischen Softsex-Filmen wie *Liebesgrüße aus der Lederhose* (1973) des vertriebenen Österreichers Franz Marischka (1918–2009) geht es allen hier genannten Künstlern nie darum, Klamauk oder Pornografie zu produzieren. Die patriarchalische Idee, die archaische Potenz, der affektbefreite Trieb, das animalisch Verborgene, dies alles schwingt bei der Erzählung und Nutzung von Tracht latent auch mit. Die klassische Ordnung zwischen Mann und Frau, die sie vorgibt aufrechtzuerhalten, demaskiert allerdings niemand so absichtlich und treffend wie Marina Abramović. Damit camoufliert sie etwas, das von der traditionspflegerisch aktiven Seite ausgeblendet wird, aber dennoch kurz beleuchtet werden sollte.

# SEXY DIRNDL

## Anständige Trachtenträgerin, ein erotischer Flirt

Als die passionierte Nationalsozialistin Gertrud Pesendorfer das Dirndl für die deutsche Frau entwarf, es den Jüdinnen und freisinnigen Frauen ausdrücklich entriss, führte sie eine sittsame Art von *gezähmter Erotik* in das erfundene Dirndl ein. Bei wertkonservativen Lokalpatrioten und Pflegern von Tracht, bei allen *moralisch Anständigen* ist diese Neuerfindung daher noch immer ein gern genutztes Gewand. Pesendorfer konterkarierte damit jede Assoziation zu einer natürlichen, lustbetonten Erotik. Sie führte auf diesem Wege einen fast religiösen Ernst ein, der völlig lust- und spaßbefreit war. Unzählige Male als Kitsch abgetan, zielten die Trachtenerneuerer rund um Pesendorfer darauf ab, die individuelle Freiheit, die mitunter tatsächlich zu Kitsch führen kann, abzustellen. Sie beschritt den Weg des Maßregelns, indem sie eine auf den Zentimeter angegebene Kittellänge und die Vorgaben zu den weißen Blüschen mit solid gedecktem Dekolleté und gezierte Modelstrümpfe einführte. Anstand und Sitte wollten in Zentimetern ausgedrückt werden. Es war keineswegs das erste Mal, dass man an der Tracht zu viel

Eros entdeckte. Maria Theresia soll mit 1. Mai 1753 über eine Polizeiordnung für Oberösterreich die Order ausgegeben haben, die Weiber mögen ihre Röcke verlängern, oder wie es hieß, *Hinabruckung der Röcke und sittsame Abänderung der Mieder* seien ab jetzt angesagt.[1]

Die Abkehr vom Eros, von den Reizen fraulicher Figuren, hat vermutlich bei den Trachtenpflegern zur irrigen Annahme und Verbreitung derselben geführt, wonach ein Dirndl jeder Frau (leider nur zu gern von Frauen selbst verbreitet) stünde. Dem kann man nur entgegnen, dass dies nicht so ist und schon die Frauen Roms wussten, was ihnen stünde und was nicht. Es gäbe der Beispiele viele, um dies zu beweisen. Das Dirndl und mit ihm die Tracht ist ebenso wenig feministisch, wie zwar selten, aber doch ab und an behauptet wird. Allein der Umstand, dass es einer gnadenlosen Direktive entspringt, spricht nicht für einen Befreiungsschlag. Im Idealfall ist die klassische Trägerin auch eine Feministin. Solange jedoch Regeln wie *[d]er Flor muss aus weicher Seide gearbeitet sein und wird sorgfältig um den Hals geschlungen, so dass zwischen ihm und dem Blusenausschnitt die Haut nicht sichtbar ist,*[2] (von einem Mann als Order ausgegeben), sklavisch befolgt werden, lässt sich nie und nimmer von Feminismus sprechen. Pesendorfers Empfehlung, *[d]ie Röcke sollen wenigstens zweieinhalb Meter weit sein. Es ist unschön, zur Tracht enge Röcke zu tragen,*[3] dient eher der Verhüllung als der Pointierung der weiblichen Figur, der Domestikation jedweden Appeals.

Das Dirndl und die Tracht sind politisch, sie resultieren aus einer Vergangenheit, die gnadenlos rassistisch war, sie waren ursprünglich Teil eines modischen Begehrens, dem nachzugehen aufgrund sozialer Ordnungen nicht immer möglich war. Daher finden wir nur vereinzelt mal ein modisches Zitat aus der höfischen Mode, wie den *cul de Paris* oder das *pièce d'estomac* erwähnt. Dabei wäre doch die Betonung der Hüfte durch den *cul de Paris* nach der Lust am Sexy-Sein von früheren Trachtenträgerinnen eine Frage wert. Unter dem Einfluss der Politfunktionärinnen baute man jedoch vorsätzlich Tracht und Dirndl zu einem politischen Rüstzeug im Sinne wesensreiner Tugenden um. Man huldigte dem Kleidungsstück der deutschen Frau auf nahezu religiöse Weise. Doch Erotik verträgt sich schlecht mit religiöser Adoration, es sei denn, das angebetete Objekt ist selbst der Eros.

Den Bemühungen der ersten dokumentierten Trachtenweiber, ihre Hüften zu betonen, die Röcke kurz zu tragen, wurde, wie uns die Geschichte lehrt, recht schnell Einhalt geboten – der Wunsch nach steriler Lieblichkeit schob allen Wünschen der Frauen einen Riegel vor. Die Bestrebungen, während der Jahre des fin de siècle und nach dem 1. Weltkrieg mit dem Dirndl ein legeres feminines Kleidungsstück zu schaffen, fanden wiederum ein Ende mit dem Regiment der Nazifrauen. Der letzte Anlauf, für sich das Dirndl auch sexy zu gestalten, fand in gebührender Entfernung von der Geschichte, innerhalb der letzten 15–20 Jahre, statt. Seither ist es ein von allen auf eigene Weise gestaltetes saisonales Kleidungsstück, das seinen fixen Platz in der Jahresplanung eingenommen hat. Derart, dass saisonal abgestimmt auch das softpornografische Männermagazin *Playboy* ein *Wiesn-Playmate* präsentiert.[4]

## Barbie

Die Barbiepuppe bekam zum 50. Geburtstag im Jahr 2009 ein Dirndl »geschenkt«. Die in München lebende und aus dem Rheinland kommende Designerin Lola Paltinger entwarf es. Bei der Präsentation sah das lebende Modell der Vorlage täuschend ähnlich. ◀

An sich, ohne diesen kulturpolitischen Ballast, ist Dirndl nichts als ein Stück Vestiment, das wie die Jeans, Leggings usf. die Trägerin allein durch ihren eigenen individuellen Stil mehr oder weniger apart zum Leuchten bringt. Drumherum schwirren zwar noch immer Legenden, die wie eine Beschwörungsformel zur Rechtfertigung bemüht werden, wie beispielsweise die Direktive, *man bindet die Schürze rechts, wenn man verheiratet ist, links, wenn man ledig ist, die Schürze muss so und so viele cm über dem Rock liegen, die Farbe muss so und so sein und ja nicht anders sein.* Kostümhistorisch ist es nicht wirklich richtig, die Sehnsucht danach scheint doch gegeben. Die Vergangenheit sah viel differenzierter aus: Mancherorts trugen unverheiratete Mädchen zum Zeichen ihrer Jungfräulichkeit helle, weiße Kleidung, reife, verheiratete Frauen buntes Zeug und kaum hatte man einen Todesfall in der Familie, kam schwarze Kleidung zur Anwendung – gar oft fand man ein Leben lang nicht mehr aus dieser düsteren Kleidung raus. Die Verbürgerlichung der Gesellschaft, der Einzug der Mode von Anzug und Kostüm, die Verbreitung von Eheringen, beschleunigte den Zerfall derartiger symbolischer Signets. Dirndl ist je nach Trägerregion ein Gwand, ein Tuch, ein Stück Stoff, der der saisonal bedingten Verkleidung dient. Tracht zehrt überhaupt nur mehr von den ehemals verbreiteten Fabeln, die von Vereinen in Umlauf gebracht wurden und die wie ein Intensivpatient am Leben erhalten werden. In der Tracht einen Eros zu erkennen, einen individuellen Funken Weiblichkeit zu registrieren, ist fast unmöglich. Die Trachtenpflege bedeutet den Tod des Eros, das Ende bewusster Weiblichkeit oder um es pointiert zu formulieren: die Unterwerfung fraulicher Merkmale unter ein kulturelles wie politisches Diktat.

Es ist an der Zeit, dem so lieblich behandelten Stück die ihm zwischenzeitlich verpasste ideologische Erzählung, ein besonders wertvolles Zeichen kultureller Identität zu sein, zu entziehen. Der Versuch, Teile davon oder gleich ganze Stücke in den Welterbestatus der UNESCO zu erheben, sollte genau geprüft werden, denn sonst bleibt es, was die Tracht ist, nämlich eine Schimäre, ein Trugbild einer imaginierten Identität, die künstlich am Leben erhalten wird. Am 12. September 1929 prangten auf dem Cover der *Wiener Hausfrau*, einem Wochenblatt, drei junge Ungarinnen in überaus gewöhnungsbedürftigen Phantasietrachten. Sie trugen kurze Röcke, Nylonstrümpfe und leichtes Schuhwerk. Die Titelzeile lautete: *Ungarn springt ins 20. Jahrhundert*. Etwas kleiner zu lesen stand da noch *[d]er ungarische Backfisch will von den Stiefeln und den langen Röcken der alten Tracht nichts mehr wissen.*[5] Die kniehohen Stiefel galten bis dahin in den slawischen Kulturen als besonders Merkmal zur Tracht. In beiden hier genannten Details steckt eine Menge Information zum Wandel von Kleidungsverhalten. Es lässt sich dementsprechend befunden, dass der Kulturkampf, der gegenwärtig wieder an Fahrt aufgenommen hat, bereits am Ausgang des 19. Jahrhunderts stattfand, die Emanzipation der Trachtenträgerinnen schon mal weiter fortgeschritten war. Dirndl zu tragen, es nach dem eigenen Geschmack zu gestalten, stellt keinen Verstoß gegen Brauch und Tradition dar. Sie müssen nicht zur teuersten Trachtenschneiderin gehen und glauben, erst dann wären Sie den kulturellen Regeln folgend korrekt gekleidet. Es gibt kein richtig oder falsch, kein perfekt oder unvollständig, in diesem Fall. Jene Demokratisierung, die auf dem Boden einer parlamentarischen Demokratie fußt, ermöglicht es uns, über antimoderne Trachten- und Dirndlregeln hinwegzusehen. Ihr verdanken wir, dass die distinguierte *Trachtenbibel* oder *Trachtenfibel* nichts weniger ist als eine normative alte Kleiderordnung in neuen Farben. Will heißen, einige bestimmen, wer dazugehört und wer nicht. Wer nach ihren Regeln mitspielt, hätte demnach recht und alle anderen lägen falsch. In der Soziologie nennt man derlei Muster Distinktion. Gruppen verwenden sie, um andere, die sie nicht in ihrem Kreis wissen wollen, auszugrenzen. Daher ist es wichtig und richtig, und es sollte niemandem Kummer bereiten, wenn Tracht beim Diskonter gekauft wird.

Selbst erklärte *Trachtenbibeln/fibeln* – sie fanden erstmals in den 1970er-Jahren Verbreitung – werden nur zu gern gewünscht.[6] Warum nur gibt es ein Verlangen nach derart bindenden Regeln, lässt sich an dieser Stelle fragen. Was mag nur der Grund dafür sein, sich freiwillig einem derartigen Kleideredikt zu unterwerfen? Von seiner kostümhistorischen Herkunft her bedarf ein Dirndl keiner biblischen Regeln. Als modische Schöpfung, die es ist, sollte es dem individuellen Geschmack der Trägerin zum Ausdruck verhelfen, der Lust der Trägerin zu Diensten sein. Gleiches gilt für die Tracht. Das Begehren, Tracht korrekt zu tragen, zeigt, wie folgsam sich der Mensch zu geben bereit ist, wie willig er ist, sich einem willkürlichen

Diktum zu unterwerfen. Welcher Mangel fordert hier seinen Tribut, welche Kultur indoktriniert ihre Einwohner mit derlei Dogmen, um sie an sich zu binden? Handelt es sich um eine besonders euphemistische Form politischer Kultur, wer sind die Handlanger einer solchen Kultur, wie korrespondiert sie mit gesellschaftlichen Wirklichkeiten? Fragen über Fragen, die angesichts ihrer politischen Brisanz in Österreich und in Deutschland gestellt werden sollten; allein das Positionspapier *Leitkultur, Identität, Patriotismus* der AfD-Fraktion des Thüringer Landtages vom April 2018 zeigt, wie optimiert die alten Kulturklischees von Brauchtum, Volkstum und Tracht weiterleben, wie sehr sie Distinktionsmuster und Schimären sind, die nichts anderem als der Ausgrenzung dienen. Das Portal der AfD ziert ein Kind im Dirndl mit einer umgehängten Laugenbrezel, unterlegt ist ein Text, der gegen die Vielfalt von Kulturen ist, der meint, Leitkultur *umfasst neben der deutschen Sprache auch unsere Bräuche und Traditionen* [...][7] Auch die CSU operiert unter dem Begriff *Lebensgefühl* mit einem Trachtenpärchen und der Berufung auf Tradition – immerhin gepaart mit dem Wort Moderne, von sexy Frauen im Dirndl ist dabei weit und breit nichts zu sehen.[8] Nur einmal erlaubte sich die AfD, eine kecke, beinahe sexy wirkende Trachtenfrau zu posten, allerdings ging das ordentlich schief, nicht nur weil sie nach geltenden Regeln der Puristen *falsch* gekleidet war, auch weil sie den Deutungseliten vermutlich zu sexy war.

# WEM GEHÖRT DIE TRACHT NOCHMAL?

Eben weil Tracht und Dirndl derart diffus ahistorisch überfrachtet sind, weil sie entlang eines kulturellen Wertegesetzes rauf- und runterdekliniert wurden und werden, kommt es neuerdings zu so was wie Urheberrechtsdebatten. Die Exegeten aller Genres bringen sich in Stellung, weil sie die Idee der schöpferischen Urheberschaft des Volkes in diesem Kleidungstück verdichtet sehen. Derlei Absurditäten fanden jüngst Ausdruck in der Auseinandersetzung zwischen einer rumänischen Region und dem Haus Dior in Paris. Gegenstand des Anwurfes war ein besticktes Schaffell-Gilet. Als Dior Anleihe bei einer nordrumänischen Felljacke nahm, war der Aufschrei groß, man sah die kulturelle Identität auf dem Jahrmarkt veräußert. Von Diebstahl an der Kultur anderer war die Rede. Gar eine Initiative wurde gegründet, die sich bemühte, sich als die Hüterin originärer Kultur darzustellen. Die darin gebündelten Kräfte riefen dazu auf, die von Dior angepriesenen Stücke wären bei den Frauen in Rumänien günstiger zu bekommen und darüber hinaus noch in einer besseren Qualität und überhaupt hätte das Haus Dior nicht einen Cent an die Frauen gespendet. Nun, vielleicht mag es stimmen, dass die Qualität der bestickten Schaffelljacke bei den Rumäninnen besser ist. Dennoch könnte sie auch schlechter sein. Zudem muss man wissen, dass sich bis zum Zeitpunkt dieser Erregung kein Mensch auch nur annähernd für derlei Exotismen außerhalb dieser Gebiete interessierte. Die zusätzliche Schwierigkeit, welcher Kultur in welchem Gebiet Dior nun Geld löhnen sollte, ist ohnehin nicht zu klären, denn die Entlehnung berührt die nordrumänische und bukowinische (heute Ukraine) Kultur gleichermaßen.

Eine Urheberrechtsdebatte erübrigt sich aufgrund historischen Bedingungen, denn folgten die Identitätsprediger ihre eigenen Spuren, würden sie entdecken, dass so genannte Volkskunst keinem personal gestalteten Kollektiv entspringt, ein alleiniger kollektiv geformter Urheber unmöglich ausfindig gemacht werden kann. Dem Prinzip der Mode entsprechend versuchte auch hier ein Mensch oder mehrere, aus den zur Verfügung stehenden Rohstoffen (was man halt so hatte) sich zu behübschen. Begehrlichkeiten führten dazu, dass sich die Nachbarinnen untereinander kopierten. Tracht, Dirndl u. ä. fielen, wären sie identitätsstiftender Bestandteil eines Kollektivs, bei Verletzung desselben unter das Völkerrecht. Was dies verhieße, mag man sich gar nicht ausmalen.

Die bisherige Maßregelung der Gesinnungsfolkloristen, Volkskunst, Tracht und Dirndl seien Wesensmerkmale einer in sich verbundenen Gemeinschaft und

## Rumänisch – ungarisch – burgenländisch

Die Trachten dieser Länder gelten als Trachten slawischer Völker. Heute betrifft dies Länder aus Ost- und Südosteuropa. Bevor sich die ersten Forscher zur Volkskunde der Pflege der deutschen Tracht annahmen, galt ihr Augenmerk, selten genug, den »Völkern« des Habsburgerreiches. So kam es, dass einer der ersten langen wissenschaftlichen Aufsätze zum Thema den Titel *Die Tracht der Tschitschen* (1896) trug. Die Tschitschen waren ein kroatisch sprechendes Völkchen im Hinterland von Triest, in Istrien. Der Autor widmete sich auf vielen Seiten dem *Costümwerke*, um zu zeigen, wie man Kostümkunde betreiben könne. Beeindruckend bei diesem Aufsatz sind die Zeichnungen. Die Männer trugen Stiefel, sogar Männersocken und Filzhüte. Ihre Tracht zeige bereits italienische Einflüsse, so der Autor. *Der Tschitsche trägt keinen Bart, nur selten Koteletts* und Ohrringe. Flachstickereien, Wolle, Leder vom Schaf und gefältelte Leinenblusen. Keine der Frauen trage ihr Kopftuch gleich wie die andere, das Haar luge hervor. Ihr Hemd bzw. ihre Bluse tragen sie vorne offen, die Jacken seien aus Loden.

Zu den Trachten der Slawen gehörten auch die Ruthen und Huzulen, Bojken, Goralen der Gegenden um Lemberg, von habsburgisch Galizien. Die Erkundungen der ersten Ethnographen führten zu Ausstellungen und am Ende dazu, dass um die 500 Stück an Textilien in den Sammlungsbestand des Volkskundemuseums eingingen. Die heutige Ostgrenze der EU war immer schon eine wichtige Außengrenze. Da das Interesse der frisch erwachten Volkskundler recht bald der pangermanischen Idee galt, verfügen wir über keine großen Abhandlungen mehr zu nicht-deutschen oder ungarischen Trachten.

Da das Bundesland Burgenland zum Königreich Ungarn gehörte, dieses erst mit dem Vertrag von Trianon 1920 und am Ende erst 1921 Österreich zugeschlagen wurde, kam es dort von der an diesem Ort seit den Türkenkriegen angesiedelten slawischen Minderheit der Burgenlandkroaten zur Tradierung ihrer Tracht. Bis heute schenkt man ihr kaum Aufmerksamkeit im vielgepriesenen Reigen deutscher Trachten. Allein die Heanzen galten als Deutsch und fanden Eingang in die Wissenschaft. ◀

sollten unverändert an die folgenden Generationen weitergegeben werden, sollte als das deklariert werden, was es ist: eine Erzählung, die von einigen Wenigen in Umlauf gebracht wurde und die ein politisches Ziel verfolgt. Nämlich Kultur und Wesenszüge zum Zwecke eines idealisierten Gestaltungswillens einer Nation ursächlich miteinander zu verbinden.

Nicht selten wird in Zusammenhang mit dem Thema auch die Frage nach dem Geschmack gestellt. Steht ein Dirndl jeder? Darf es sexy sein? Wie viel Dekor verträgt ein Dirndl? Wie kurz darf, wie lang muss es sein? Kann man Nagellack dazu tragen, oder eine Uhr? In welchem Verhältnis und Abstand sollen Schürze und Rock zueinander getragen werden und so weiter und so fort. Darauf gibt es keine abschließend richtige Antwort, denn es ist nur ein Kleidungsstück, das allein der eigenen, individuellen Behübschung dienen sollte. Die Demokratisierung ermöglicht uns, frei zu wählen, wie und was wir tragen möchten. Da das gute Kleidungsstück als Arme-Leute-Gwand, als bäuerliches Gwand, eine steile Karriere als sommerlich modisches Stück genommen hat, es aber auch bei jenen, die keine Wahl hatten, als antimodisches Stück so schnell wie möglich abgelegt werden wollte, beweist einmal mehr, dass es nichts weniger ist als ein Ergebnis menschlicher Kreativität. Jene, die glauben, Tracht und Dirndl seien der Inbegriff deutschkultureller Tradition und hätten somit normativ unabänderlich gleich zu bleiben, denen sei gesagt, alle Kulturen hatten zu irgendeiner Zeit eine für sie *typische* Kleidung,

Wir wissen inzwischen, dass dies mit den Ressourcen und Rangordnungen zu tun hat, genauso wie mit politischen, modischen Strömungen und dem Begehren einzelner Individuen, die sich zu Experten aufgeschwungen haben. Die Vorstellungen dessen, was schön ist, verläuft in etwa im Zyklus der Jahreszeiten, man denke an die Haute-Couture-Schauen und deren Frühjahrskollektionen, Herbstkollektionen usf.

Jenen religiösen Eiferern, die glauben, man sei mit einem von den Verbänden regulierten Dirndl oder einer Tracht stets gut angezogen, sei entgegnet, dass auch nicht jede Figur in eine Leggins passt. Selbst eine Jeans steht nicht allen. Rufen wir uns noch mal den Römer Ovid in Erinnerung, der in der Antike bereits Styling-Tipps gab. Warum sollte das hier behandelte Kleidungsstück eine Ausnahme bilden? Gerade, weil Menschen ihre Kleidung in erster Linie nicht erfunden haben, um patriotische Phantasien zu befriedigen, sondern um erstens gekleidet zu sein, und zweitens um sich zu behübschen, nimmt es nicht wunder, wenn wir Tracht, Dirndl oder Lederhose in allerlei Abbildungsformen begegnen.

---

**Lippenstift, Nagellack, High-Heels**

Allesamt gelten bei den Vereinstrachtlern bis heute als zu ordinär für die Tracht. So natürlich und adrett wie möglich sollte die deutsche Trachtenfrau gekleidet sein. Das Dirndl erlaubte eher, modische Trends aufzugreifen. Der Dirndlpop der letzten 10 Jahre verlangt geradezu nach dem passenden Nagellack. Die Aktivistinnen rund um die neue ÖVP trugen 2019 zu ihrem Dirndl schon mal den passenden türkisen Nagellack. ◀

Die barbiehafte Behübschung der Society-Moderatorinnen im deutschen Fernsehen zur Münchner Wiesnzeit, die Fußballerfrauen im Dirndl, der Besuch von berühmten Sternchen wie der Hotelerbin Paris Hilton sind nichts als gespiegelte Realität gängiger Praxis des Schönheitsputzes im Alltag. Gleiches gilt für die lederhosenbewehrten Männer, die, wie ein österreichischer Verhaltensforscher mal meinte, durchaus einer naturgegebenen Konstante von männlichem Imponiergehabe folgten und dies mit dem Imponiergehabe von Primaten verglich.[1] Vielleicht ist der Mensch nichts als ein Aff' in Trachten-, Dirndl-, und Lederhosenkleidung.

Damit erübrigte sich beinahe, die andere Seite der soziologischen Trachtenwirklichkeit zu erwähnen, den ausgeprägten Distinktionskapitalismus, der in der Tracht steckt und sich bei lokalpatriotischen Bällen geballt zeigt. Im kollektiven Rausch wird ein Lob auf die Tradition ausgerufen, Märsche werden gespielt und selbst bei inoffiziellen Hymnen wird (speziell bei den Tirolern) aufgestanden, mitgesungen, die Hand aufs Herz gelegt und am Ende salutiert. Frauen in einfachem Ballkleid, die selten genug vorkommen, oder junge Frauen in Dirndln vom Discounter werden auf Trachtenbällen schief angesehen und schmallippig begrüßt. Es kommt schon vor, dass sie von den Ballfotografen, die beim Einlass stehen und sich wie Experten gerieren, erst gar nicht abgelichtet werden. Die Ballsaison birgt die Chance zur rituellen kollektiven Selbstzelebration. Sie dient, auch wenn es einige nicht wahrhaben wollen oder verharmlosen, der Selbstaufrichtung einer ganz bestimmten kollektiven Identität. So gut wie nie findet man im *Landhausstil* gekleidete Menschen auf solchen Bällen. Werner Kogler, seit 2020 grüner Vizekanzler und Steirer, wurde dafür kritisiert, dass er bei der Angelobung keine Krawatte trug, auch war er nicht dafür bekannt, Trachtenjanker zu tragen. Das hat man ihm schnell abgewöhnt. Der auf die Ballsaison fallende Regierungsbeginn ließ ihn recht schnell in einem grün-grau-steirischen Trachtenfrack auf dem Steirerball erscheinen, zusammen mit Umweltministerin Leonore Gewessler, die sich in einem von einem Salzburger Trachtendesigner moderat zitierten Outfit zeigte und das auf Erzherzog Johann (1782–1859), einen Habsburger, der seiner Liebe zum Landleben bis hin zu einer morganatischen Verbindung mit einem Landmädchen nachging, verwies.

Die politische Vergangenheit des Trachtenjankers hatte die politische Gegenwart eingeholt.

---

**Ausseerdirndl bei Hofer/Aldi**

Dieses von der Tourismusindustrie in der Nachkriegszeit erfundene Dirndl hat einen grünen Leib, einen rosa Rock und eine lila Schürze. Es ist ein apartes Teil, das ob seiner Beliebtheit einen deutschen Discounter veranlasste, es in das Spätsommersortiment aufzunehmen. Der kommerzielle Erfolg dieses Dirndls mag in Zusammenhang mit seiner jungen Geschichte stehen: Es ist von keiner überladenen ethnisch besetzten Geschichte überfrachtet, gilt als modisch harmonisch kleidsam, es kann kostengünstig produziert werden – die besten Voraussetzungen zur Nutzung für alle. Dirndl vom Discounter zu kaufen, ist nicht verwerflich, es ist der beste Beweis für die Demokratisierung des Kostüms. ◀

Die lange Erzählung von Tracht und Dirndl wird über die Jahre, von ihrer Entdeckung im auslaufenden 18. Jahrhundert bis heute, auch vielseitiger, als sie zuvor je war. Fiel sie den ersten privaten Reisenden und höfischen Beamten als exotisch-sonderliches Stück ins Auge, entdeckten die dadurch erwachten Fremdenverkehrsmanager das trachtige Landvolk als dekorative Figuren zur hübschen Landschaft, die frisch erweckten Nationalisten des 19. Jahrhunderts erkannten in ihnen die Garanten für deutsche Tugend an und für sich. Als mit den Nationalsozialisten ein Lob auf das schlichte, archaische wie heidnische Bauerntum angestimmt wurde, um sich von den jüdischen Intellektuellen und Modernisierern abzuheben, erkannte man Tracht als ideales Mittel zur Darstellung eines Kollektivs. Niemandem, außer *Deutschrassigen*, sollte es erlaubt sein, das bis dahin recht unerotische Stück anzuziehen. Das Stigma, das diese Kleidung aus dieser Zeit davontrug, verleidete es vielen demokratischen, modernistischen, feministischen Kräften, es zu tragen. Erst die zunehmende Entfernung von den Jahren 1933–1945 und die Entpolitisierung der Gesellschaft im Zuge neoliberaler Märkte brachte es mit sich, dass auch Tracht und Dirndl zu einem Produkt wurden, mit dem man Spaß haben konnte, das es einem ermöglicht, sich zu bestimmten Anlässen zu verkleiden. Inzwischen scheinen die alten Geister wiederaufzuerstehen.

Die Demokratisierung von Tracht und Dirndl zeitigte nicht nur eine ungeheure Popularisierung, sie erstreckte das Interesse daran, auch auf dem kleinen, regionalen

Dorffest über das städtische Oktoberfest und dessen unzählige Kopien hin eingesetzt zu werden, ja, gar die Haute Couture fand Gefallen dran. Derart als folkloristische Schönheit gefeiert, war es eine Frage der Zeit, bis jemand auf die Idee kam, ein Urheberrecht am guten Stück folkloristischen Kleiderstils zu reklamieren, sich die Frage nach dem *wem gehört die Tracht nochmal* zu stellen.

Was Dior sich also *erlaubte*, ist etwas zutiefst Menschliches und beruht auf dem Grundprinzip von Mode und Kostümierung, nämlich auf Inspirationen vergangener Zeiten, auf Lebenswelten zurückzugreifen, Stile, Farben und Techniken zu zitieren oder aufzugreifen und alles in neuem Rahmen zu zelebrieren – ganz so wie in den 1920er-Jahren in Salzburg von Carl Mayr schon mal probiert. Der Irrtum, der, dies gilt es an dieser Stelle immer wieder zu betonen, meint, Tracht und Dirndl wären im Besitz eines diffusen Kollektivs (bevorzugt Volk genannt) und dürfe nur in dessen ideologischem Sinne genutzt werden, sollte inzwischen widerlegt sein. Als mythisches Dogma, entsprungen den wirrsten Köpfen der finstersten Zeit unserer Kulturgeschichte, sollten wir aufhören, dieses wieder und wieder zu glauben. Tracht und Dirndl ist nichts als *European Folk*, wie die in Amsterdam erscheinende *Pepinâ Fashion, Textiles & Patterns N° 3 2010* bewies. Im Kulturkonflikt des *Bihor statt Dior* allerdings, und das macht den Charme des Streites aus, verkehren sich bisherige Praktiken im Modegeschehen. Der folkloristische Reigen ist eröffnet, die Entgrenzung der Welt zeigt sich somit von ihrer sympathischsten Weise.

# ZUM ABSCHIED

## Traditionen – nicht empfohlen?

21. Jahrhundert. Niederösterreich. Volkskultur. – Mit der Ausrufung des *Dirndlgwandsonntags* durch die Volkskultur NÖ lebt eine Tradition politischer Programmatik auf, die Ähnlichkeiten mit der politischen Praxis ausgehend vom Innsbruck der 1940er-Jahre aufweist. Auch die Dirndlgwandsonntag-Erfinderin verfügt wie einst Gertrud Pesendorfer über keine akademisch-wissenschaftliche und kostümhistorische Bildung, allein die *Liebe zur Tracht* (eine gern genutzte Phrase bei den Trachtlern) beflügelt sie. Für die Volkskultur NÖ hatte sie sich den unter dem Motto *Wir tragen Niederösterreich* den lokalpatriotischen *Dirndlgwandsonntag*, eine Art Feiertag, ersonnen. Zur Begründung ist im Wortlaut angeführt: *Gefeiert wird der Dirndlgwandsonntag immer rund um den 13. September, am Tag der Heiligen Notburga. Sie gilt als Schutzpatronin für Mägde, Bauern und Dienstboten und wird immer in Tracht dargestellt.*[1] Die in der Steiermark, Tirol und Slowenien verehrte Volksheilige wird hier also unwissentlich zu einer niederösterreichischen Trachtenheiligen. Nun ist Notburga keine frühchristliche Märtyre-

rin, sie gehört zu den Barockheiligen, ersonnen zu populären Zwecken, um der allzu freizügigen Säkularisierung Einhalt zu gebieten. Als einfache Frau aus bäuerlichen Verhältnissen schätzte sie das göttliche Gebot, Sonntag zu halten, höher ein als die Anweisung des Dienstherrn, am Sonntag das Korn zu schneiden. Die widerspenstige Notburga böte die ideale Leitfigur zu einer Gewerkschaftsheiligen, doch das wäre wohl nicht im Sinne der der Volkspartei nahestehenden Volkskultur NÖ. Derart authentisch trachtig angezogen wie behauptet war sie auch nicht. So vielfältig wie die Phantasie der Schnitzer und Fassmaler der Heiligenstatuen, so verschieden angezogen ist sie. Mit den überlieferten Trachtenabbildungen korrespondiert die Kleidung einer Dienstbotin dieser Zeit wohl kaum. Den patriotisch gesinnten Wähler immerhin freut es, oder wie Herr Skalicky aus Wien in der Kronenzeitung in der Rubrik *Das freie Wort*, also der Leserbriefspalte, schrieb:

*Der Beitrag in der Sonntagsausgabe über den Trachtensonntag bzw. die Kirchenbesuche in Volkstracht hat mir gut gefallen. Bravo, das gehört zur Hebung des österreichischen Selbstbewusstseins, das seit Langem schon sehr unterentwickelt ist. Leider habe ich eine entsprechende Vorankündigung dieses Ereignisses in der »Krone« vermisst (oder zu lesen verabsäumt?). Bitte machen Sie in Hinkunft auf solche patriotischen Events schon im Vorhinein deutlicher aufmerksam! Danke.*[2]

Tracht und Dirndl als politisches Programm weiterzuführen, sollten wir kostümhistorisch wie demokratiepolitisch kritisch kommentieren. Den 2020 zum dritten Mal stattfindenden Besuch der Trachtenpflegevereine Deutschlands beim deutschen Bundespräsidenten gilt es, wenn schon nicht grundsätzlich abzulehnen, dann doch kritisch anzumerken.[3] Zumal der Redenschreiber Frank Walter Steinmeiers diesem Sätze in den Mund legte, die wahrhaft auf der überkommenen Klaviatur klimperten und alle Klischees bedienten: *Herzlichen Dank für diese schöne alpine Tradition*, die *Gemeinschaft* wurde beschworen, von *Heimatgeschichte* und *Brauchtum* war die Rede. Demokratiepolitisch besehen sind derlei Phrasen ein Desaster. Die einzige Milde, die man diesem Moment und der Rede zukommen lassen sollte, ist, dass Idee und Initiative nicht von Steinmeier ausgingen, er einer von den Vorgängern eingeführten Gepflogenheit folgte und Unkenntnis, Scheu wie Tapsigkeit beim Thema Regie führten.

Kostümgeschichte von Tracht und Dirndl sind folgerichtig nicht ohne Demokratiegeschichte zu erklären, da ein Volk, so homogen es sich auch zu kleiden versucht, um eine Gemeinschaft vorzutäuschen, immer aus Edlen, Reichen, Schönen, Armen, Grisetten, Bürgern, Jakobinern, Anarchisten, Freisinnigen, Angestellten, Selbstständigen, Kriminellen usw. besteht und es diesen allen möglich ist, sich eine Tracht zu ersinnen, anzueignen und diese auf individuelle Weise und nach eigenen Vorstellungen zu nutzen. Um es mit einem Art-brut-Künstler, dem Südtiroler Georg Paulmichl, zu sagen und zu ergänzen, *das Glück wohnt irgendwo*, aber nicht allein in der deutschen Tracht oder dem Dirndl.[4]

# ANMERKUNGEN

## Zum Auftakt

1 P. Ovidius Naso (Ovid): Ars amatorial/Liebeskunst. Übersetzt und herausgegeben von Michael von Albrecht, Stuttgart 1996.

## Loden, Leinen, Seiden, Spitzen

1 AT-OeStA/HHStA StK Patente 12–75, Wien. Einzelstück. Entstehungszeitraum 31.3.1888.

## Überlieferungen: Völker, Kleider, arme Leute

1 Sikora, Adalbert: Zur Geschichte der Zillertaler Tracht. (Mit 5 Abbildungen). In: Zeitschrift für österreichische Volkskunde. XII. Jg., Wien 1906, S. 1–14.
2 AT-OeStA/HHStA SB Auersperg V-B-28-23-4 Steckbrief von Maria Franziska Dichtl. 13.1.1838. Einzelstück.
3 AT-OeStA/HHStA SB Auersperg.

## Sonntagsstaat, Repräsentation, Mode

1 Zingerle, v. Oswald: Zur alten Kastelruther Tracht. In: Zeitschrift für österreichische Volkskunde. XXI–XXII. Jg., Wien 1915–1916, S. 120–149.
2 Deutsche Musik-Zeitung. Organ für Theater und Kunst. Nr. 9, I. Jg., Wien, 28. Februar 1874, S. 2.
3 Heine, Heinrich: Reisebilder. Italien. Reise von München nach Genua. In: Heinrich Heine's sämmtliche Werke, Zweiter Band: Reisebilder, Zweiter Theil, Hamburg 1875.
4 Traugott Krug, Wilhelm: System der theoretischen Philosophie. Dritter und letzter Theil: Geschmackslehre. Zweite, verbesserte und vermehrte Auflage, Königsberg 1823.

## Tracht als »Verkörperung der Resignation« und Selbstverklärung

1 Lewald, August: Tyrol, vom Glockner zum Orteles, und vom Garda- zum Bodensee 1833–34, München 1835, Bd. 1.
2 Siehe Lewald 1835, Bd. 1.
3 Loos, Adolf: Wäsche. In: Neue Freie Presse vom 25. September 1898, Nr. 12245, Wien 1898, S. 7.
4 Ebd.
5 Der Alpenfreund. Illustrierte Touristen-Zeitschrift für das Alpengebiet, V. Jg., Nr. 94 u. 95, 15. April 1895, Innsbruck 1895, S. 1072.
6 Weiss, Hermann: Kostümkunde: Handbuch der Geschichte der Tracht, des Baues und des Geräthes der Völker des Alterthums, Erste Abtheilung: Die Völker des Ostens, Stuttgart 1860.

## Idealisierte Idylle, perfekte Identität?

1 Lewald, August: Tyrol, vom Glockner zum Orteles, und vom Garda- zum Bodensee 1833–34, München 1835, Erster Band, S. 100ff.
2 Grazer Zeitung v. Samstag, den 6. Mai, Nr. 104, Graz 1876, S. 2.

## Der Salontiroler

1 Lewald, August: Tyrol, vom Glockner zum Orteles, und vom Garda- zum Bodensee 1833–34, München 1835, S. 101.
2 Julien, Rose: Die deutschen Volkstrachten zu Beginn des 20. Jahrhunderts. Nach dem Leben aufgenommen und beschrieben von Rose Julien, München 1912, S. 24.
3 Wiener Salonblatt v. 31. Jänner 1886, XVII. Jg., Nr. 5, S. 8.
4 Julien, Rose: Die deutschen Volkstrachten zu Beginn des 20. Jahrhunderts. Nach dem Leben aufgenommen und beschrieben von Rose Julien, München 1912, S. 24.

## Tableaus, Spiegelungen, Trachtenmärchen

1 Zingerle, v. Oswald: Zur alten Kastelruther Tracht. In: Zeitschrift für österreichische Volkskunde XXI–XXII. Jg., Wien 1915–1916, S. 120–149.
2 Josef Blau: Aus der »buckligen Welt«. Ältere Nachrichten zur Volkskunde des südlichen Böhmerwaldes. Kleine Mitteilungen. In: Zeitschrift für österreichische Volkskunde 1916, XXII. Jg., S. 194.

3 Siehe dazu: Wallnöfer, Elsbeth: Trachtenforschung als rassische Delimitation. Gertrud Pesendorfer (1895–1982), Gretl Karasek (1910–1992), Erna Piffl (1904–1987). In: Dies. (Hg.): Maß nehmen – Maß halten. Frauen im Fach Volkskunde, Wien–Köln–Weimar 2008.

4 Pestalozzi, Martin: Johann Rudolf Meyer als Industrieller, Erfinder, Philanthrop, Politiker, Bauherr, Kaufmann und Mäzen. In: Josef Reinhard 1749–1824. Trachten, Porträts, Menschenbilder. Herausgegeben von Christoph Lichtin. Mit Beiträgen von Barbara Henning, Christoph Lichtin, Martin Pestalozzi, Sylvia Rüttimann und Oscar Wüest. Kunstmuseum Luzern, o. J. [Katalog zur Ausstellung Josef Reinhard 1749–1824 und Clara Reinhard 1777–1848 im Kunstmuseum Luzern, 10. Dezember 2005 bis 5. März 2006], S. 131–157.

5 Das Blatt der Hausfrau. Oesterr.-Ungar. Zeitschrift für Angelegenheiten des Haushaltes, 1898, IX. Jahrgang. H. 4, S. 16.

## Freiheit zur Mode!

1 Wiener-Moden-Zeitung und Zeitschrift für Kunst, schöne Literatur und Theater 53, Mittwoch, den 2. Oktober 1816.

2 Morgenblatt für gebildete Leser, Nr. 6, Freitag, den 7. Januar 1848, Stuttgart–Tübingen, S. 23.

3 Siehe: Blätter für literarische Unterhaltung, Sonnabend, 19. August 1843, Nr. 231, Leipzig, S. 927, und Blätter für literarische Unterhaltung, Sonntag, 20. August 1843, Nr. 232, Leipzig.

4 Das Blatt der Hausfrau. Oesterr.-Ungar. Zeitschrift für Angelegenheiten des Haushaltes, 1898, IX. Jahrgang, H. 4, S. 16.

5 Fremden-Blatt, Wien, Sonntag, den 14. August 1853, VII. Jg., Nr. 192.

6 Cassirer, Ernst: Versuch über den Menschen. Einführung in eine Philosophie der Kultur (= Philosophische Bibliothek Bd. 488) [2. verbess. Aufl.], Hamburg 2007, S. 339.

## Volkstum zwischen Chic & Spiel

1 Fukuyama, Francis: Identität. Wie der Verlust der Würde unsere Demokratie gefährdet, Ebook 2018.

2 C. Th. W.....r: Rezension zu H. v. Almendingen: Politische Ansichten über Deutschlands Vergangenheit, Gegenwart und Zukunft von Harscher von Almendingen (Fortsetzung der in No 23. Abgebrochenen Recenssion). In: Heidelbergische Jahrbücher für Litteratur N° 29, 1815, 1. Halbjahr, S. 458.

3 Wiener Allgemeine Literaturzeitung, Nr. 71, Dienstag, den 6. September 1814, S. 1131.
4 Heine, Heinrich: Reisebilder. Italien. Reise von München nach Genua. In: Heinrich Heine's sämmtliche Werke, Zweiter Band: Reisebilder, Zweiter Theil, Hamburg 1875.

## Grobheit im Stil, Opulenz im Geschmack und nationale Legenden

1 Bernhard, Thomas: Elisabeth II. In: Ders., Stücke 4. Frankfurt a. M. 1988. S. 283.

## Die Geburt des Baumwolldruckes und des Dirndls

1 Julien, Rose: Die deutschen Volkstrachten zu Beginn des 20. Jahrhunderts. Nach dem Leben aufgenommen und beschrieben von Rose Julien, München 1912, S. 9.
2 Crnjanski, Miloš: Ithaka und Kommentare, Berlin 2011, S. 21.
3 Siehe Lewald 1835, Bd. 1.
4 Julien: ebd., S. 32ff.
5 Julien: ebd., S. 34.
6 Julien: ebd., S. 126.
7 Neues Wiener Tagblatt. Demokratisches Organ. Sonntag, den 21. Juli 1912, 46. Jg., Nr. 197, S. 37.

## Vom Vorteil der Nähmaschine

1 Siehe dazu: Wallnöfer, Elsbeth: Maß nehmen – Maß halten.
2 Oesterreichische Nähmaschinen- u. Fahrrad-Zeitung. Fach-Zeitschrift zur Hebung der Nähmaschinen- und Fahrrad-Industrie. Offizielles Organ des Verbandes der österr. Nähmaschinenhändler, -Fabrikanten u. -Mechaniker, Wien, 25.7.1904, Nr. 1, S. 4.

## Ein wertkonservativer Jude als erster seriöser Trachtenforscher?

1 Sabarsky, Serge: Anstelle eines Vorwortes. Zitiert nach: Gombrich, Ernst H.: Jüdische Identität und jüdisches Schicksal. Eine Diskussionsbemerkung. Hrsg. von Emil Brix und Frederick Baker, Wien 2011 [2. Aufl.] (= Occasions Bd. 1), S. 35ff.
2 In den Archivalien steht Conrad. Im Folgenden wird die in der Literatur verwendete Schreibweise Konrad übernommen.

3 AT-OeStA/FHKA SUS WBV 629/1 (1912).
4 Sandgruber, Roman: Traumzeit für Millionäre. Die 929 reichsten Wienerinnen und Wiener im Jahr 1910. Wien–Graz–Klagenfurt, Ebook: Zeilenwert 2014.
5 Kleine Volkszeitung, Dienstag, 21. Juni 1938, Nr. 169 des 84. Jahrg., der B-Z. Laufende Nummer 29876, S. 4.
6 Österreichischer Beobachter. Traditionsblatt der alten Kämpfer. 2. Augustfolge 1940, Linz a. d. D., 5. Jg., S. 19.
7 Wiener Zeitschrift für Volkskunde (vormals Zeitschrift für österreichische Volkskunde), 29. Jg. 1924, S. 71.
8 Mautner, [C]Konrad: Die Ausseer Tracht. In: Zeitschrift für österreichische Volkskunde, XVI. Jg. 1910, S. 145–160.
9 Ebd., S. 148.

## Bayerns Schützenliesel und Bayerns Juden

1 Neue Freie Presse. Abendblatt, Wien, Mittwoch, den 12. October 1881, Nr. 6151, S. 1.
2 Welt-Neuigkeits-Blatt, Wien, Mittwoch, den 18. Juli 1906, 33. Jg., Nr. 161, S. 10.
3 Die Bühne. Wochenschrift für Theater, Film, Mode, Kunst, Gesellschaft, Sport, Wien 1926, Nr. 89, S. 54.

## Intermezzo I: Trennung von Tracht & Dirndl

1 Wiener Morgenzeitung, Wien, Freitag, 18. Mai 1923, Nr. 1531, 5. Jg., S. 4, und Wiener Morgenzeitung, Wien, Freitag, 1. Juni 1923, Nr. 1544, 5. Jg., S. 4.
2 Grazer Mittags-Zeitung, Nummer 167, Dienstag, den 26. Juli 1921, 8. Jahrgang, S. 3.
3 Dies war eine weit verbreitete Ansicht, alle anzuführen würde den Platz sprengen. Z. B. Neues Wiener Tagblatt, Wien, Sonntag, 21. Juli 1921, Nr. 197, S. 37.
4 Neues Wiener Journal, Wien, Mittwoch, 25. Juni 1919, 27. Jahrgang, Nr. 9211, S. 6ff.
5 Internationale Frisierkunst und Schönheitspflege. August 1936, 24. Jg., S. 1.

## Politik & internationaler Chic

1 Kästner, Erich: Der kleine Grenzverkehr oder Georg und die Zwischenfälle, Zürich 1938, S. 33.
2 Volksbote. Sozialdemokratische Wochenzeitung für den Wahlkreis Marchfeld, Freitag, den 17. Juni 1932, 37. Jg., Nr. 25, S. 6.
3 Adrian, Karl: Zur Frage der Salzburger Tracht. In: Oesterreichische Alpine, Volks- und Gebirgs-Trachten-Zeitung. Offizielles Organ des 1. Oesterr. Reichsverbandes f. Alpine, Volks-, Gebirgs- Trachten- und Schuhplattler-Vereine, Salzburg, 15. Juli 1923, 6. Jg., Nr. 7, S. 1.
4 Bundesarchiv Berlin. Akten zur Person. NS 21/244. 12. September 1939. Adressiert an den Leiter der Arbeitsgemeinschaft für Deutsche Volkskunde Pg. Dr. Helmut Amanshauser.
5 Internationale Frisierkunst und Schönheitspflege. August 1936, 24. Jg., S. 1.
6 Zuckmayer, Carl: Als wär's ein Stück von mir: Horen der Freundschaft, Ebook, Frankfurt am Main 2016, Ebook.
7 Zuckmayer, ebendort.
8 Der Silberspiegel, Nr. 22, 3. Jg., Berlin, 26. Oktober 1937, S. 1091.
9 Mein Film. Illustrierte Film- und Kinorundschau. Nr. 609, 27. VIII. 1937, S. 6.
10 Kästner, Erich: Der kleine Grenzverkehr oder Georg und die Zwischenfälle, München 2008 [17. Aufl.], S. 71.

## Intermezzo II

1 Völkischer Beobachter. Kampfblatt der national-sozialistischen Bewegung Großdeutschland. Wiener Ausgabe, Wien, Montag, 24. Oktober 1938, 221. Ausg., 51. Jg., S. 6.
2 Torberg, Friedrich: Auch das war Wien. Mit einem Nachwort von Edwin Hartl, Ebook 2013.
3 Der sozialistische Kampf. La lutte socialiste. N° 8, 10. September 1938, Paris – IX, S. 179.
4 Ebd.
5 Österreichische Zeitung. Zeitung der Sowjetarmee für die Bevölkerung Österreichs, Sonntag, 13. November 1949, Nr. 263 (1320), S. 3.
6 Obersteirische Zeitung. Unabhängiges demokratisches Organ für Obersteiermark, Samstag, 9. Juli 1949, Nr. 54, 19. Jg., S. 5.
7 Freie Stimmen. Deutsche Kärntner Landeszeitung, Klagenfurt, Freitag, den 1. Juli 1938, 58. Jg., Folge 149, S. 4.

## Männerhose, Lederhose, Pantalon

1 Julien, Rose: ebd., S. 150.
2 Grieshofer, Franz: Die Lederhose. Kleine Kulturgeschichte des alpenländischen Beinkleids, Wien–München–Zürich 1978, S. 5.
3 Grabner, Georg: Volkstümliches aus Kärnten. In: Zeitschrift für österreichische Volkskunde, XIX. Jg. 1913, S. 209.
4 Dr. R. G. P: Der vermeinte Wilddieb. Eine Erzählung von Dr. R. G. P. In: Der Linzer Postillion als Humorist. Eine Zeitschrift für Kunst, Humor, Theater, Literatur und geselliges Leben, Mittwoch, 4. April 1849, Nr. 3, S. 1.
5 Mautner, Konrad: Die Ausseer Tracht. In: Zeitschrift für österreichische Volkskunde, XVI. Jg. 1910, S. 145–160.
6 Bundesarchiv Berlin, Bildarchiv: B 145 Bild-00119614. Online recherchierbar. Fotograf: Schaack, Lothar.

## Dirndldiktat(ur)

1 Frau und Mutter. Familienfreund, Juliheft 1942, H. 7, S. 6.
2 Wallnöfer, Elsbeth: Trachtenforschung als rassische Delimitation. Gertrud Pesendorfer (1895–1982), Gretl Karasek (1910–1992), Erna Piffl (1904–1987). In: Diess. (Hg.): Maß nehmen – Maß halten. Frauen im Fach Volkskunde, Wien–Köln–Weimar 2008, S. 27.
3 Siehe: Pesendorfer, Gertrud: Neue Deutsche Bauerntrachten. Tirol, München 1938. Dies.: Lebendige Tracht in Tirol, Innsbruck o. J.
4 Völkischer Beobachter. Kampfblatt der nationalsozialistischen Bewegung Großdeutschlands. Wiener Ausgabe, Wien, Samstag, den 28. Mai 1938, 73. Ausg., S. 20.
5 Kleine Volkszeitung, Wien, Dienstag, 21. Juni 1938, 84. Jg., Nr. 169, S. 4.
6 Siehe dazu Völkischer Beobachter. Kampfblatt der nationalsozialistischen Bewegung Großdeutschlands. Wiener Ausgabe, Wien, Donnerstag, 30. Juni 1938, Nr. 105 des 84. Jg., S. 15.
7 Bundesarchiv Berlin. Akten zur Person. NS 21/244. 12. September 1939. Adressiert an den Leiter der Arbeitsgemeinschaft für Deutsche Volkskunde Pg. Dr. Helmut Amanshauser.
8 Wallnöfer, Elsbeth: Trachtenforschung als rassische Delimitation. Gertrud Pesendorfer (1895–1982), Gretl Karasek (1910–1992), Erna Piffl (1904–1987). In: Diess. (Hg.): Maß nehmen – Maß halten. Frauen im Fach Volkskunde, Wien–Köln–Weimar 2008, S. 31.
9 Ebd., S. 32.

10 Pesendorfer, Gertrud: Neue deutsche Bauerntrachten. Tirol, München 1938, S. 11.

11 Heidegger, Martin: Die Selbstbehauptung der deutschen Universität. Rede, gehalten bei der feierlichen Übernahme des Rektorats der Universität Freiburg i. Br. am 27.5.1933. Das Rektorat 1933/34. Tatsachen und Gedanken, Frankfurt am Main 1990.

12 »Inzwischen«, denn früher galten die Sarner, so werden die Bewohner des Tales genannt, als rückständig. Wie die Ostfriesen in Deutschland oder die Burgenländer in Österreich, waren sie Witz-Typen, ob ihrer Rückständigkeit besonders geeignet, um der Modernisierung das Wort zu reden.

## Mit alten Mitteln, ewige Wiederkehr oder: Wie bannt man Geister?

1 Van der Bellen rechtfertigt vor NEOS den Trachtenjanker. In: Die Presse vom 17.11.2016 https://www.diepresse.com/5119501/van-der-bellen-rechtfertigt-vor-neos-den-trachtenjanker.

2 Lipp, Franz C.: Oberösterreichische Trachten, o. O. 1950. Lipp, Franz C.: Eine europäische Stammestracht im Industriezeitalter. Über das Vorder- und Hintergründige der bayrisch-österreichischen Trachten. Mit einem Vorwort von Raimund Eberle, Regierungspräsident von Oberbayern. Vortrag, gehalten an dem Mentorenabend der Carl Friedrich von Siemens-Stiftung in München-Nymphenburg am 4. März 1977.

3 Akt Nr. 460/1934.

4 »Dirndl« sudtirolese tricolore fa infuriare Eva Klotz. In: Il Cittadino. Martedì 24 Maggio 2011. Online abrufbar. Letzter Stand 15. April 2020. https://www.ilcittadinomb.it/stories/apcom/207361_alto_adigedirndl_sudtirolese_tricolore_fa_infuriare_eva_klotz/.

5 Alfons Kaiser in FAZ, 26.06.2014. Online abrufbar. Letzter Stand 15. April 2020. https://www.faz.net/aktuell/stil/mode-design/2.2576/lagerfelds-karikatur-von-marine-le-pen-13012047.html.

6 Siehe auch: Völker, Michael: Kurz macht Identität zu seinem Thema. In: Der Standard, Wien, 11. Sept. 2019. Onlineportal ÖVP: https://www.sebastian-kurz.at, Stand Februar 2020.

7 So Markus Söder auf Facebook am 8.10.2016.

8 Le Bon, Gustav: Psychologie der Massen. Sozialpsychologie, Ebook 2017.

## Clusterfuck

1 Steiner, George: In Blaubarts Burg. Anmerkungen zur Neudefinition der Kultur, Berlin 2014. Originalausgabe: *Notes towards the Redefinition of Culture*, Kent 1971, S. 12.
2 http://www.azraaksamija.net/project-5/.
3 Ebd.
4 Einer der seltenen Artikel erschien in der Österreich-Ausgabe im Zeit-Magazin am 8. Juli 2019 von Jacqueline Krause-Blouin mit dem Titel *Wie das Dirndl sexy wurde*. In: Zeit Österreich Nr. 28/2019 (auch online verfügbar).

## Sexy Dirndl

1 Zitiert nach: Kallbrunner, Josef: Abhandlungen und kleinere Mitteilungen. Tracht und Sitte im merkantilistischen Polizeistaat. Ein Beitrag zur Quellenkunde der Volkstrachtenforschung im deutschen Südosten. In Wiener Zeitschrift für Volkskunde (vormals Zeitschrift für österreichische Volkskunde), XLIII. Jg. 1938, S. 17.
2 Rizzolli, Helmut: Unsere Trachtenfibel. Leitfaden zum Tragen und Anfertigen unserer Tiroler Volkstrachten, Bozen 2007, S. 28.
3 Pesendorfer, Gertrud: Neue Deutsche Bauerntrachten, München o. J. [1938], S. 13.
4 Playboy. Alles was männern spaß macht. Oktoberfest 2009.
5 Wiener Hausfrau. HACKEBEILS PRAKTISCHES WOCHENBLATT FÜR ALLE HAUSFRAUEN, Nr. 50, 22. Jg., 1928/1929 (Nr. 1140), S. 1.
6 Siehe eine unter vielen: Rizzolli, Helmut: Unsere Trachtenfibel. Leitfaden zum Tragen und Anfertigen unserer Tiroler Volkstrachten, Bozen 2007.
7 https://www.afd.de/kultur-medien/, Stand 9. April 2020.
8 https://www.csu.de/politik/themen-werte/lebensgefuehl/, Stand 9. April 2020.

## Wem gehört die Tracht nochmal?

1 König, Otto: Beziehungen zwischen Tracht und Uniform. In: Lipp, Franz C. (Hg.): Tracht in Österreich: Geschichte und Gegenwart, Wien 2004.

## Zum Abschied

1 https://wirtragennoe.at/erleben-geniessen/dirndlgwandsonntag.html, Stand Februar 2020.

2 Kronenzeitung v. Freitag, 18. September 2009, S. 22.

3 Rede zum Empfang. Online abrufbar, Stand 15. April 2020: https://www.bundespraesident.de/SharedDocs/Reden/DE/Frank-Walter-Steinmeier/Reden/2019/10/191029-Empfang-Trachtenverband.html.

4 Paulmichl, Georg: Bis die Ohren und Augen aufgehen. Innsbruck–Wien 2014, S. 84.

# ZEITSPUR

| | |
|---|---|
| 1753 | Erste Bildzeugnisse auf Möbeln tauchen auf, so zum Beispiel eine Frau mit Sichel als Allegorie des Sommers, hl. Notburga |
| 1778 | Justus Möser regt Nationalkleidung an |
| 1781 | Angelika Kauffmann: *Selbstbildnis in der Tracht der Bregenzerwälderin* |
| 1799 | Josef Anton Kapellers Trachten-Aquarelle entstehen |
| 1802 | Porträts Josef Reinhards werden in Luzern präsentiert |
| 1815 | Ernst Moritz Arndt: *Deutsche Trachten* |
| 1820/27 | Josef Weger: Trachten aus dem nördlichen Tirol, Sigmund v. Perger |
| 1827 | Um diese Zeit herum beginnt Carl v. Lutterotti, Trachtenskizzen zum Thema *Welschtirol* anzufertigen |
| 1833 | Erste Beschreibung von Trachten durch Reisende |
| 1835 | August Lewald: Reise ins Ortlergebiet zeitigt kritische Bemerkungen |
| 1838 | Beschreibungen in Steckzetteln geben Auskunft über Stoffe und Tücher |
| 1860 | Elisabeth, Kaiserin von Österreich – Fotomontage 1860 [Angerer Ludwig] |
| 1862 | Der Begriff *Ungarische Nationaltoilette* taucht in Modeheften auf |
| 1878/81 | Friedrich August von Kaulbach malt die Kellnerin Coletta Möritz, 1881 wird sie zur Schützenliesel |
| 1880/90 | Janker Franz Josephs I. |
| 1883 | Das Kronprinzenwerk wird ins Leben gerufen |
| 1883 | Die Lederhose aus Bayern hält Einzug ins Salzburger Gebiet |
| 1893 | Trachtenerhaltungsvereine werden immer öfter gegründet |
| 1895 | Erste Dirndlvorschläge tauchen in Modezeitschriften auf |
| 1896 | Adolf Hauffen: »Zu den deutschen Volkstrachten« Wissenschaftliche Beiträge und Publikationen erscheinen zunehmend. Im ganz jungen Organ der wissenschaftlichen Volkskunde erscheint ein Beitrag von Hans Ludwig Fischer zur *Tracht der Tschitschen*. (Die Tschitschen sind eine istroromanische Sprachgruppe in Kroatien) |
| 1898 | Adolf Loos veröffentlicht seine Streitschrift *Über die Wäsche* |
| 1899 | Volkstracht im Leitmeritzer Mittelgebirge erscheint |
| 1900 | Der Grödner Handel mit Trachtenfigurinen lebt auf |

1904 Erste bedirndelte Frauenfiguren tauchen in der *Wiener Caricaturen*-Zeitschrift auf

1910 Konrad Mautners *Die Ausseer Tracht* wird veröffentlicht

1912 Die Fränkin Rose Julien bemängelt den Untergang der Tracht

1913 Lederhosen werden in Bayern als sittenwidrig angesehen

1922/23 Heierli Juli erfindet den Trachtenumzug Schweiz

1922 Mahler & Lanz in Salzburg gründen sich

1926 Wiener Wollmode vs. Pariser Modelle

1929 E. Tony Angerers Pastellbilder (Salzburgisch) entstehen

1932 Konrad Mautner, Viktor Geramb: *Steierisches Trachtenbuch* erscheint

1934 Nationalbank bringt eine 10-Schilling-Note von Arthur Brusenbauch

1937 Erich Kästner beschreibt den Folklorismus der Salzburger Festspiele

1938 Auftritt Gertrud Pesendorfer. Tracht wird Ausdruck des *Gestaltungswillens des deutschen Bauern*

1938 Im *Schwarzen Korps* der SS wird das Trachttragen von Juden geächtet

1947 In Salzburg gründet sich Gössl

1948 Trachtenmappen, Briefmarken, 100-Schilling-Note werden Leitbilder der jungen Nation

1949 Tostmann-Trachten in Seewalchen OÖ wird gegründet

1955 Alpenpornos wie *Unter der Lederhose wird gejodelt* nutzen das Sujet der Tracht. Und die Sepplhose für Kinder, Buben und Mädchen gleichermaßen wird üblich

1980 Männer interessierten sich für Tracht: Nach dem Vorbild von Pesendorfer schafft Franz Lipp für Oberösterreich eine Trachtenmappe

2005 Die Künstlerin Azra Akšamija widmet sich mit der Arbeit *Dirndlmoschee* dem Dirndl als interkulturelles Agens

2009 Der Dirndlboom und Folklorismus nimmt Fahrt auf. Barbie bekommt ein Dirndl, Dirndlgwandsonntag in NÖ wird ausgerufen

2019 Die September-Ausgabe der deutschen *Vogue* widmet einen beachtlichen Teil dem Dirndl. Die Haute Couture nutzt rumänische und mexikanische Trachten als Vorbild, was für Unruhe sorgt

# VERWENDETE LITERATUR, QUELLEN, WEITERFÜHRENDE LITERATUR

Quellen, die in den Anmerkungen angegeben sind, sind hier nicht aufgenommen. Quellen, die auf Zeitschriften hinweisen und vollständig im Text angegeben sind, werden hier nicht gesondert aufgeführt.

*Archive:*

Bundesarchiv Berlin
Kunsthistorisches Museum, Wien
Österreichisches Haus-, Hof- und Staatsarchiv
Statuten und Geschäftsberichte der Textilwerke A.-G, vormals Isaac Mautner & Sohn
Wiener Bank-Verein. Oesta. Wien Sig. 629/1

Arbeiterinnen-Zeitung. Sozialdemokratisches Organ für Frauen und Mädchen vom 9. September 1913, Nr. 18. 22. Jg., S. 5.

Berchina, Doina: Povestea IEI/ IA Embroidered Peasant Blouse. Bucuresti/Bucharest 2013 [zweisprachig: rumänisch/englisch].
Benjamin, Walter: Das Passagenwerk, Ebook.
Boehn, Max von: Die Mode. Menschen und Moden im Neunzehnten Jahrhundert. Nach Bildern und Kupfern der Zeit. München 1908.
Bukowiner Rundschau. Czernowitz, Samstag, 29. April. XVIII. Jg., Nr. 3012, S. 2.

Critical crafting circle (Hg.): craftista! handarbeit als aktivismus. Mainz 2011.

Erben, Tino: Die Frau im Korsett. Wiener Frauenalltag zwischen Klischee und Wirklichkeit 1848–1920. Eigenverlag der Museen der Stadt Wien. Wien 1984 [Ausstellung, Lainzer Tiergarten 14. April 1984 bis 10. Februar 1985].

Fashioning fashion – Europäische Moden 1700–1915 Hrsgg.: Los Angeles County Museum of Art. München–London–New York 2012. Los Angeles County Museum of Art: 2.10.2010 – 27.3.2011. Deutsches Historisches Museum, Berlin: 27.4.–29.7.2012. Les Arts Décoratifs, Paris: 13.12.2012–21.4.2013.

Göttingische Anzeigen von gelehrten Sachen unter der Aufsicht der königlichen Gesellschaft der Wissenschaften. 20. October 1792, 167. Stück.

Grempe, P. M.: Die Geschichte der Nähmaschine. In: Österreichische Nähmaschinen- u. Fahrrad-Zeitung. Fach-Zeitschrift zur Hebung der Nähmaschinen- und Fahrrad-Industrie. Offizielles Organ des Verbandes der österr. Nähmaschinenhändler, -Fabrikanten und -Mechaniker. Nr. 1. Wien, 25. Juli 1904.

Gri, Gian Paolo; San Giuseppe, Chiara: I costume popolari del Trentino negli Acquerelli di Carl von Lutterotti. Museo degli si e Costumi della Gente Trentina. San Michele all'Adige 1994.

Hägele, Ulrich: Völkische Posen, volkskundliche Dokumente: Hans Retzlaffs Fotografien 1930 bis 1945. Marburg 1999.

Hofer, Tamás; Fél, Edith: Ungarische Volkskunst. Berlin 1978 [die ungarische Fassung erschien 1975 in Budapest].

Hutter, Ernestine: Carl und Richard Mayr. Tracht und Design der 20er Jahre (= Schriftenreihe zu Kunstgewerbe und Volkskunde Bd. 11). Katalog zur Sonderausstellung im Volkskundemuseum des Salzburger Museums Carolino Augusteum Monatsschlössl in Hellbrunn. 10. Mai bis 31. Oktober 2003, Herausgegeben vom Salzburger Museum Carolino Augusteum. Salzburg 2003.

Kresz, Mária: Volkstümliche ungarische Kürschnerarbeit. Budapest 1979.

Lahner, Bertl: Vom Rupfen bis zum Binden. Graz 2009.
Leopardi, Giacomo: Gesänge, Dialoge und andere Lehrstücke. Zibaldone. Zürich/Düsseldorf 1998.
Les Musée de la Ville de Paris. Palais Galliera: Costumes à la coure de Vienne. 12. octobre 1995 – 3. mars 1996. Paris-Musée 1995.
Lichtin, Christoph: Josef Reinhard. Leben und Werk. In: Josef Reinhard 1749–1824. Trachten, Porträts, Menschenbilder. Hg. von Christoph Lichtin. Mit Beiträgen von Barbara Henning, Christoph Lichtin, Martin Pestalozzi, Sylvia Rüttimann und Oscar Wüest. Kunstmuseum Luzern. O. J. [Katalog zur Ausstellung Josef Reinhard 1749–1824 und Clara Reinhard 1777–1848 im Kunstmuseum Luzern, 10. Dezember 2005 bis 5. März 2006], S. 11–17.
Loschek, Ingrid: Reclams Mode- und Kostümlexikon. Stuttgart 2005 [5. aktualisierte u. erweiterte Auflage].

Menardi, Herlinde: Carl Anton Joseph von Lutterotti. Nota biografica. In: Gri, Gian Paolo; San Giuseppe, Chiara (Hrsg.): I costumi popular del Trentino negli aquarelle di Carl von Lutterotti. Museo degli Usi e Costumi della Gente Trentina. San Michele all'Adige (Trento) 1994, S. 11–17.
Milchram, Gerhard: »An alle arbeitenden Juden!« Jüdische Stimmen zum roten Wien. In: Das Rote Wien 1919–1934. Ideen, Debatten, Praxis. Hrsg.: Werner Michael Schwarz, Georg Spitaler, Elke Wikidal. Wien Museum. Basel 2019, S. 62–68.
Mittheilungen der k. k. Mähr.-Schles. Gesellschaft zur Beförderung des Ackerbaues, der Natur- und Landeskunde in Brünn. N⁰ 30, Juli 1842, S. 233.
Morgenblatt für gebildete Leser. Nr. 5, Donnerstag, den 6. Januar 1848. Stuttgart–Tübingen.

Nikitsch, Herbert: Auf der Bühne früher Wissenschaft. Aus der Geschichte des Vereins für Volkskunde (1894–1945). Wien 2006.

Piffl, Erna: Deutsche Bauern in Ungarn. Berlin 1938.
Pressburger Zeitung, Nro. 76, Sonnabend, den 17. September 1768.

Rücker, Elisabeth: Wiener Charme. Mode 1914/15. Graphiken und Accessoires. Germanisches Nationalmuseum. Nürnberg 1984 [Katalog zur Ausstellung Nationalmuseum Nürnberg 27. Juni bis 30. September 1984, Hrsg.: Gerhard Bott].

Salzburger Volkszeitung. Freitag, den 26. April 1946. Nr. 97, Jg. 46.
Schneider, Samantha; Hosp, Inga: Die Riesin von Ridnaun. Abnormitäten, Kuriositäten, Schaustellungen. Bozen 2001.
Scope, Alma: Das Sporthaus Lanz und seine Bedeutung. In: Trachten nicht für jedermann? (= Salzburger Beiträge zur Volkskunde), Bd. 6. Salzburg 1993.
Scott, Margaret: Kleidung und Mode im Mittelalter. Aus dem Englischen von Bettina von Stockfleth. Darmstadt 2009.
Scott, Margaret: Medieval Dress and Fashion. The British Library 2007.
Schmidt, Leopold: Volkstracht in Niederösterreich (= Niederösterreichische Volkskunde, Bd. 5). Linz a. d. Donau 1969.
Schröder, Albrecht / Sternath, Maria (Hrsg.): Von der Schönheit der Natur. Die Kammermaler Erzherzog Johanns. München 2015. Ausstellung Albertina vom 27. Februar – 31. Mai 2015.
Steiner, George: In Blaubarts Burg. Anmerkungen zur Neudefinition der Kultur. Berlin 2014. Originalausgabe: *Notes towards the Redefinition of Culture*. Kent 1971.
Schweppe, Helmut: Handbuch der Naturfarbstoffe. Vorkommen. Verwendung. Nachweis. Sonderausgabe für Nikol Verlagsgesellschaft mbH & Co. KG, Hamburg 1993 by ecomed Verlagsgesellschaft, Landsberg/Lech.
Shoberl, Frederick: Austria; Containing a Description of the Manners, Customs, Character and Costumes of the People of that Empire. Illustrated by Twelve Coloured Engravings. Philadelphia 1828.
Ständecke, Monika: Dirndl, Truhen, Edelweiss – Die Volkskunst der Brüder Wallach. Dirndls, Trunks, an Edelweiss – The Folk Art of the Wallach Brothers. Katalog zur gleichnamigen Ausstellung. München vom 27. Juni bis 30. Dezember 2007 (= Sammelbilder 03 Collecting Images) München 2007.
Sport im Bild. Das Blatt der guten Gesellschaft. Bergsport-Nummer. 27. Jg., Nr. 28. Berlin und Wien 1921.

Tappeiner, Franz: Einige ethnologische und anthropologische Aufzeichnungen über die Bewohner des hintersten Oetzthales und des Schnalserthales. In: Zeitschrift für Österreichische Volkskunde, Jg. 5, 1899, S. 4–8.
Tiroler Grenzbote. Wochenschrift zur Belehrung und Unterhaltung. Kufstein, Sonntag den 25. Juli, Nr. 20, XXVII. Jg. 1897, S. 3 und S. 6.

Vinken, Barbara: Angezogen. Das Geheimnis der Mode. Stuttgart 2013.

Wallnöfer, Elsbeth: Heimatlob ohne Weltbürgertum. Die Entwicklung des Heimatbegriffs während der Jahre des Roten Wien. In: Das Rote Wien 1919–1934. Ideen, Debatten, Praxis. Hrsg.: Werner Michael Schwarz, Georg Spitaler, Elke Wikidal. Wien Museum. Basel 2019, S. 154–158.

Wallnöfer, Elsbeth: Vom unaufhaltsamen Aufstieg der Tracht. Kommentar der Anderen. In: Der Standard vom 26. März 2018.

Wiener-Moden-Zeitung und Zeitschrift für Kunst, schöne Literatur und Theater, Nr. 52, Mittwoch, den 28. September 1816.

Wiener-Moden-Zeitung und Zeitschrift für Kunst, schöne Literatur und Theater. Nr. 53, Mittwoch, den 2. Oktober 1816.

Wörner, Martin: Vergnügung und Belehrung. Volkskultur auf den Weltausstellungen 1851–1900. Münster 1998.

Zürcher Kunstgesellschaft; Kunsthaus Zürich (Hrsg.): Wilhelm Leibl. Gut sehen ist alles! Katalog zur gleichnamigen Ausstellung. Kunsthaus Zürich 25.10.2019– 19.1.2020; Albertina Wien 31.1.–10.5.2020.